PEQUEÑO LIBRO DE LA NATURALEZA

ARAÑAS

PEQUEÑO LIBRO DE LA NATURALEZA

ARAÑAS

BLUME

SIMON D. POLLARD

Título original *The Little Book of Spiders*

Edición Nigel Browning, Slav Todorov, Caroline West
Desarrollo y dirección del proyecto Ruth Patrick
Diseño y dirección de arte Lindsey Johns
Ilustración en color Tugce Okay
Ilustración arte y línea Ian Durneen
Traducción Remedios Diéguez Diéguez
Revisión de la edición en lengua española
Ramiro Albar Pujol
Asesor naturalista
Coordinación de la edición en lengua española
Cristina Rodríguez Fischer

Primera edición en lengua española 2025

Carrer de les Alberes, 52, 2.º, Vallvidrera
08017 Barcelona
Tel. 93 205 40 00 e-mail: info@blume.net

ISBN: 978-84-10268-69-2
Depósito legal: B. 19697-2024
Impreso en China

WWW.BLUME.NET

CRÉDITOS DE LAS IMÁGENES

Alamy Stock Photo: 23 Wirestock, Inc; 116 Tonia Graves; 131 Anton Sorokin. **Dreamstime.com:** 17 Kacpura; 74 Sleepyhobbit; 87 Brett Hondow. **Nature Picture Library:** 12, 90, 148 Emanuele Biggi; 29 Kim Taylor; 55 Michael Hutchinson. **Shutterstock:** 41 Sebastian Janicki; 95 khlungcenter; 119 Tobias Hauke; 126 LFRabanedo; 139 Couanon Julien. **Otros:** 35 NASA; 47, 58, 62, 70, 105 Simon D. Pollard; 106 FranciscoJavierCoradoR; 146 Fiona Cross. **Referencias de las ilustraciones adicionales:** 11 Marianne Collins; 45 Robert R. Jackson; 53 pxfuel.com; 73 Ken-ichi Ueda; 89 Alexandre S. Michelotto; 99, 103 Simon D. Pollard; 111 benjamynweil; 112 Keizo Takasuka; 15 jtweed; 133 George Hachey; 151 deeqld.

PEQUEÑO LIBRO DE LA NATURALEZA

ÁRBOLES

ARAÑAS

ESCARABAJOS

MARIPOSAS

CONTENIDO

7. *Cazar con telaraña*

8. *Cazar sin telaraña*

9. *Enemigos de las arañas*

10. *Vidas extraordinarias*

11. *Folclore en torno a las arañas*

12. *Datos curiosos*

INTRODUCCIÓN

A los cinco años, durante mi infancia en Christchurch (en la Isla Sur de Nueva Zelanda), le hice una pregunta inusual a mi tío, Jim Pollard. Jim era psicólogo animal en la Universidad de Canterbury y respondía a mis numerosas preguntas sobre el mundo natural que vivía en el jardín de mis padres. «¿Las abejas piensan en inglés?», le pregunté. Yo creía que todos los animales pensaban en inglés (¡con acento neozelandés!). Me dijo que no, y un par de años y muchas preguntas después, decidí que quería estudiar a los animales como mi tío. Nunca quise hacer otra cosa, y una década más tarde empecé a estudiar zoología en la Universidad de Canterbury. En mi tercer año, un curso de entomología se amplió para incluir a las arañas y se me encendió una lucecita en la cabeza. Quería convertirme en biólogo de arañas.

LA LLEGADA DE SPIDER-MAN

Al año siguiente, el estadounidense Robert Jackson, experto en comportamiento animal, se incorporó al Departamento de Zoología. Robert se especializó en el comportamiento de las arañas y yo me convertí en su aprendiz como alumno de grado y posgrado. Ha ejercido una profunda influencia en mi vida.

Después de terminar mi doctorado, disfruté de becas posdoctorales en las universidades de Virginia y de Alberta (Canadá). Aunque me gustaba la investigación, también quería escribir sobre mis investigaciones para un público más amplio, y así inicié una larga colaboración con la revista *Natural History Magazine*, que entonces tenía su sede en el Museo de Historia Natural de Nueva York. Mi primer artículo, publicado en octubre de 1993, se tituló «Pequeños asesinatos», y se centró en mis investigaciones doctorales y posdoctorales sobre las arañas cangrejo. Mi última historia salió en el número de febrero de 2022 y trataba de mi investigación acerca de una araña cangrejo asiática que vive en las plantas jarra. Se titulaba «Vivir en una trampa mortal». ¡Me siento como si hubiese estado parafraseando los títulos de los libros de Agatha Christie.

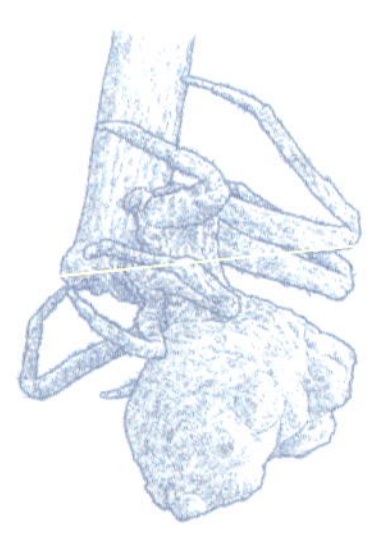

HISTORIAS ASOMBROSAS DE ARAÑAS

El pequeño libro de las arañas aúna mi carrera como biólogo especializado en arañas, escritor y divulgador científico. Me ha encantado investigar las diversas historias de arañas que forman parte de este libro, y doy las gracias a los numerosos científicos que han contribuido a desentrañar la vida de estos artrópodos con técnicas y tecnologías innovadoras. Quién podría imaginar una araña del tamaño de un grano de arroz que es capaz de chasquear las mandíbulas 800 veces más rápido de lo que parpadeamos (género *Zearchaea*), o arañas (género de *Portia*) que cazan a otras arañas, poseen la astucia de un mamífero, saben contar y tienen una vista una sexta parte tan eficaz como la nuestra. Algunas arañas pequeñas de tela orbital (orbitela) incluso construyen una réplica gigante de una araña en su tela (género *Cyclosa*). El señuelo tiene ocho patas, y se cree que engaña a los depredadores haciéndoles creer que se trata de una araña demasiado grande para atacarla.

Compartimos el planeta con unas 50000 especies de arañas que viven en casi todas partes. Espero que este libro ayude a los lectores a apreciar más a estas maravillosas criaturas, que viven entre nosotros sin hacernos daño. Las historias que tejen parecen ir más allá de nuestra imaginación, y los momentos agradables que esas historias nos brindan hacen que apreciemos todavía más la vida en la Tierra.

Simon D. Pollard

ANTEPASADOS ARÁCNIDOS

El viaje evolutivo que condujo a los artrópodos, un filo que incluye arañas, insectos y crustáceos (posiblemente, el grupo de animales más competente de la Tierra) comenzó con un antepasado de tamaño humano que se parecía en cierto sentido a una langosta. Nadó en los océanos de la Tierra hace unos 520 millones de años, y su estructura corporal allanó el camino para que los artrópodos pasaran del mar a la tierra. Aunque este antepasado se conoció a partir de fósiles, su constitución era plana y quedaron muchas preguntas sin respuesta. El descubrimiento más o menos reciente en Marruecos de un fósil de 480 millones de años, muy bien conservado y sin aplanar, permitió a los científicos despejar algunas dudas.

PARTES DEL CUERPO FLEXIBLES

Los científicos ya entienden cómo dio lugar este antepasado de las arañas a descendientes capaces de evolucionar en tantas formas diferentes y ocupar casi todas las partes posibles del planeta. Los componentes básicos de este notable éxito evolutivo fueron un cuerpo y unas patas segmentados.

↓ Un fósil de un antepasado artrópodo de 480 millones de años de antigüedad, casi intacto, respondió a muchas preguntas sobre la evolución de este grupo.

↓ Dos especímenes descubiertos en ámbar en Myanmar muestran un ancestro de araña de hace 100 millones de años con una cola en forma de látigo.

→ Hace 480 millones de años vivía en los océanos un antepasado de tamaño humano de los crustáceos, insectos y arañas actuales. Llamado *Aegirocassis benmoulae*, tenía aspecto de langosta y filtraba el agua de mar para obtener plancton, como algunas ballenas actuales.

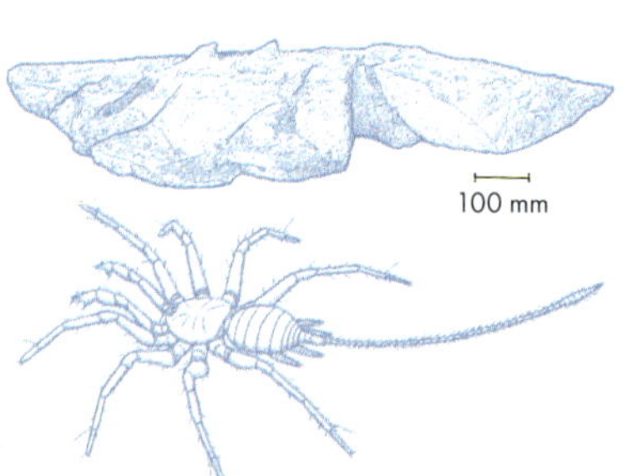

FÓSILES DE ARAÑAS

Por cada fósil de araña encontrado en rocas se descubren unos mil fósiles de insectos. Esto se debe a que las arañas son criaturas de cuerpo blando y carecen del duro exoesqueleto de los insectos, por lo que es mucho menos probable que dejen restos fosilizados.

ROMPECABEZAS DE ARAÑAS

El doctor John Nudds (de la Universidad de Mánchester) y el profesor Paul Selden (de la Universidad de Kansas) afirmaron que comprender la evolución de las arañas a partir de fósiles es como tener un rompecabezas al que le falta la mayoría de las piezas y en cuya caja no hay ninguna imagen completa. Con las técnicas modernas de análisis, como la tomografía computarizada (TC), los científicos han podido analizar los fósiles de arañas encontrados (más o menos pocos) para entender la evolución de este grupo increíblemente exitoso.

OJOS REFLECTANTES

Dos fósiles de roca de hace unos 110 millones de años, hallados en esquistos en Corea del Sur, pertenecen a *Lagonomegopidae*, una familia extinta de arañas cazadoras nocturnas. Estas arañas vivieron hace entre 359 y 299 millones de años, y hasta ahora se conocían tan solo a partir de fósiles de ámbar. Sorprendentemente, la fosilización preservó una estructura presente en ambos fósiles, en la parte posterior de dos de los grandes ojos de las arañas. Esta estructura, denominada *tapetum lucidum*, refleja la luz que ha atravesado la retina y la devuelve a esta, lo que mejora la visión nocturna. Como el brillo que se ve cuando se apunta con una linterna a los ojos de un gato por la noche, los investigadores que los descubrieron observaron ese mismo brillo en los ojos de estos fósiles.

300 MILLONES DE AÑOS EXCAVANDO

Los Mesothelae constituyen un suborden de arañas y el grupo hermano de todas las arañas. Vivieron hace unos 300 millones de años y tenían el abdomen segmentado. Sus hileras (órganos que tejen la seda) estaban situadas en el centro del abdomen (y no en la parte posterior, como todas las arañas actuales). Sorprendentemente, hoy vive una sola familia (Liphistiidae) de este grupo, y parece que se asemeja mucho a sus lejanos antepasados. Viven en madrigueras en bosques y cuevas del sudeste asiático y Japón.

~ Las primeras arañas auténticas ~

Aunque los mesotélidos producían seda, fue la evolución de las hileras en el extremo del abdomen lo que mejoró su control sobre el uso que podían hacer de la seda. Este factor allanó el camino hacia su éxito. Los fósiles de las primeras arañas auténticas datan de hace unos 250 millones de años.

← Mientras espera las vibraciones de los pasos de una presa que camina, una araña trampilla malaya hembra, *Liphistius malayanus* (Liphistiidae), permanece en la entrada de su madriguera.

LA VIDA EN LA TIERRA

En la actualidad sobreviven unas 100 especies de arañas que viven en madrigueras (Liphistiidae) del antiguo suborden *Mesothelae*. Las restantes 50000 especies conocidas de arañas pertenecen a dos grupos, los migalomorfos y los araneomorfos; de estos últimos existen unas 47000 especies. De las 3000 especies de migalomorfos, alrededor de 1000 son tarántulas. Suelen ser grandes y peludas, con la forma corpulenta característica de los migalomorfos. Una de las razones del éxito de los araneomorfos, en comparación con los migalomorfos, es la orientación de sus quelíceros (mandíbulas).

COLMILLOS FLEXIBLES

Los quelíceros de los migalomorfos apuntan hacia abajo, con los colmillos plegados como la hoja de una navaja. Cuando la araña quiere utilizar los colmillos para atacar a su presa o defenderse, tiene que levantar ligeramente el cuerpo para abrir los colmillos desde su posición de reposo. Además, tiene que estar sobre una superficie sólida, como el suelo o la corteza de un árbol, para poder clavar los colmillos hacia abajo.

TARÁNTULA GOLIAT DEVORADORA DE AVES

Theraphosa blondi (Theraphosidae) es la araña más grande de la Tierra. Vive en madrigueras en el suelo de las selvas tropicales del norte de Sudamérica. Puede pesar alrededor de 180 g; tiene una envergadura de 30 cm y una longitud corporal de 13 cm. Come sobre todo insectos grandes que viven en el suelo, gusanos y anfibios, y muy rara vez aves. Su fama de comer pájaros se debe a una ilustración de un libro de historia natural publicado en 1705. Después de un viaje a Sudamérica, la brillante Maria Sibylla Merian realizó un grabado de la araña comiéndose un colibrí. El nombre de tarántula Goliat devoradora de aves ha perdurado durante más de 300 años.

ARAÑA GIGANTE DE TELA ORBITAL DEVORADORA DE PÁJAROS Y MURCIÉLAGOS

Las arañas tejedoras de telarañas de seda dorada –especies de *Nephila* y *Trichonephila* (Araneidae)– son arañas grandes, con hembras de 5 cm de longitud. Construyen telas de hasta 1,5 m de diámetro. La seda de estas arañas es especialmente fuerte, lo que significa que sus telarañas pueden atrapar presas como grandes insectos voladores que podrían escapar de telarañas orbitales más débiles. Aunque no es tan común, existen registros de capturas e ingesta por parte de estas arañas de pájaros pequeños y murciélagos que han quedado atrapados en la espiral de hilos pegajosos de sus telas.

Las arañas araneomorfas poseen colmillos que se mueven de lado a lado, por lo que pueden utilizarlos como pinzas. Esto significa que pueden atrapar a sus presas mientras están suspendidas en sus telarañas.

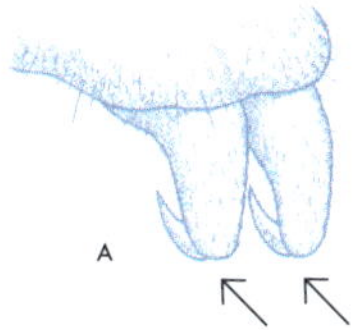

~ No solo para apuñalar ~

Casi todas las arañas emplean sus colmillos para inyectar veneno a sus presas y paralizarlas o matarlas. Los colmillos de algunas arañas se usan para tareas totalmente ajenas a la depredación. Por ejemplo, las arañas trampilla los utilizan para excavar el suelo y construir madrigueras. Las arañas de tela de guardería y las escupidoras transportan sus sacos de huevos sujetándolos con los colmillos. Algunos machos de arañas saltadoras que imitan a las hormigas poseen quelíceros y colmillos más grandes que utilizan en competiciones de fuerza con otros machos.

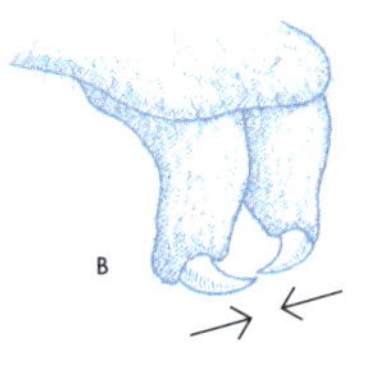

↑ Los dos grupos principales de arañas tienen colmillos que funcionan de diferentes maneras. (A) Los migalomorfos los mueven de arriba abajo, mientras que (B) los araneomorfos los desplazan de lado a lado.

FÓSILES EN ÁMBAR

Las arañas enterradas y conservadas en resina líquida, que con el tiempo se endurece y se convierte en ámbar, ofrecen una visión del que sería su comportamiento hace unos cien millones de años. Los fósiles de roca casi siempre parecen antiguos, pero los fósiles en resina pueden parecer tan recientes como si estuviesen dentro de un cubito de hielo recién congelado.

PRODUCCIÓN DE SEDA

Se sabe que las arañas producían seda desde hace unos 400 millones de años, pero la más antigua se encontró en una pieza de ámbar de 140 millones de años en una playa de Sussex (Reino Unido). Aunque procedía de un antepasado extinto de las arañas de tela orbital actuales, su seda también contenía las gotas pegajosas para atrapar a insectos voladores. Los científicos sugieren que este descubrimiento podría proporcionar una idea de la evolución cuando los insectos voladores surcaban los cielos y las arañas crearon telas aéreas para atraparlos.

UNA MADRE EN ÁMBAR

En la actualidad, las arañas hembra de numerosas familias distintas protegen sus sacos de huevos y sus crías recién nacidas. Aunque se aceptó que esa conducta tendría una larga historia evolutiva, hasta hace poco no existían pruebas físicas. El descubrimiento de un par de arañas hembra fosilizadas con huevos y crías en un ámbar de hace 100 millones de años en Myanmar demuestra la antigüedad de ese comportamiento. Las hembras protegían a sus crías cuando se asfixiaron por la resina de los árboles, que se endureció y se convirtió en ámbar. Mediante tomografía computarizada, los investigadores pudieron identificar las crías casi eclosionadas dentro del saco de huevos, así como las eclosionadas que permanecían cerca de su madre.

↑ Atrapada en el ámbar del Báltico, una araña de 40 millones de años ofrece una fascinante instantánea de la evolución de las arañas.

TELARAÑA CON PRESA

La telaraña más antigua que se conoce con una presa atrapada se encontró en una pieza de ámbar en España y se dató en 110 millones de años de antigüedad. Entre las 26 hebras de seda había restos de una mosca, un escarabajo, una avispa y un ácaro diminuto.

ARAÑA CON PRESA

En el interior de una pieza de ámbar de 100 millones de años de antigüedad procedente de Myanmar se conserva una extraordinaria pieza de la historia de las arañas. Engullida por la resina, una araña social joven estaba a punto de atacar a una avispa parásita. En el ámbar también había un macho atrapado, lo que constituye la primera prueba fósil de las arañas sociales.

TELARAÑAS AÉREAS

La evolución de los insectos voladores llevó a la evolución de las telarañas que podían atrapar a estas presas fuera del alcance. Al parecer, dos grupos de arañas con un parentesco lejano (las superfamilias Deinopoidea y Araneoidea) desarrollaron distintos tipos de telarañas orbitales para atrapar a los insectos voladores. *Deinopoidea* tejían telarañas orbitales horizontales con miles de fibras finas de seda enrolladas alrededor de fibras más grandes. *Araneoidea* tenían la conocida telaraña orbital vertical con gotas pegajosas adheridas a la seda seca.

PRESCINDIR DE LAS TELARAÑAS ORBITALES

En general, la telaraña orbital pegajosa se considera la cúspide de la evolución de las telarañas. Investigaciones recientes han demostrado que muchas familias de arañas ya no utilizan telarañas orbitales y han evolucionado hacia otras formas de capturar a sus presas. Aunque las telarañas orbitales son eficaces para capturar insectos en pleno vuelo, también hacen que la araña que espera en la tela sea vulnerable a depredadores como los pájaros. El doctor Charles Griswold y sus colegas de la Academia de Ciencias de California consideran que «la telaraña orbital fue un campamento base evolutivo más que una cumbre».

↓ Las gotas pegajosas en los hilos de seda en espiral de las telarañas orbitales retienen a la presa hasta que la araña la captura.

↓ Muchas arañas de telaraña orbital tienen estructuras decorativas de seda o estabilimentos, que impiden que los pájaros vuelen hacia la telaraña.

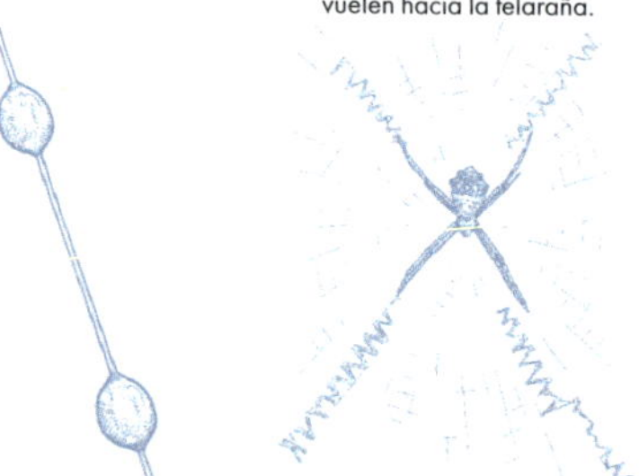

→ Una hembra de araña seda de oro gigante, *Nephila pilipes* (Nephilidae), permanece en su enorme telaraña a la espera de una presa. Recientes investigaciones han revelado que las marcas amarillas de las patas de la araña atraen a los insectos voladores de día y a las polillas por la noche.

LAS ARAÑAS ESTÁN EN TODAS PARTES

Las arañas viven prácticamente en todos los hábitats de la Tierra, desde las cimas del Himalaya hasta bajo las olas de las costas. Pueden sobrevivir a temperaturas bajo cero en el Ártico y a altas temperaturas en los desiertos. Al pasar el invierno en nidos de seda bajo un manto de nieve pueden sobrevivir a temperaturas de -40 °C. El lugar más caluroso donde se han encontrado arañas es el Valle de la Muerte, en California, en una zona donde se ha llegado a registrar una temperatura del suelo de casi 60 °C. Allí se encontraron diversas especies, como arañas tejedoras, arañas cangrejo y arañas saltadoras. En las selvas tropicales y subtropicales se pueden encontrar grandes cantidades de arañas representadas por una amplia gama de especies y estilos de vida.

VIVIR EN CUEVAS SIN OJOS

En todo el mundo se han encontrado unas mil especies de arañas que viven en cuevas. Algunas de ellas han perdido sus ocho ojos, algo que podría deberse a los recursos necesarios para mantener un órgano sensorial que ya no era útil para la araña. Además, muchas arañas poseen ojos pequeños, y es posible que les resultase más fácil perderlos con el tiempo. No se ha

BAJO EL MAR

En la zona intermareal de las costas de Nueva Zelanda y Nueva Caledonia vive la araña marina *Desis marina* (Desidae). Durante la marea baja caza pequeños crustáceos en tierra firme antes de retirarse a su nido de seda. Cuando percibe la subida de la marea, la araña sella su refugio para sobrevivir sumergida bajo las olas. Dependiendo de la amplitud de la marea, el refugio es suficientemente grande para proporcionar a la araña un suministro de aire durante casi tres semanas. Si permanece sumergida tanto tiempo, puede reducir su frecuencia respiratoria para no quedarse sin aire. También es capaz de sobrevivir a niveles de oxígeno más bajos que otras arañas si el aire se está agotando.

ARAÑAS DE ALTITUD

En 1924, durante una expedición al Himalaya, un naturalista descubrió arañas saltadoras que vivían a 6000 m. Como no había vegetación ni presas evidentes para las arañas, llegó a la conclusión de que debían sobrevivir por canibalismo. Obviamente, de ser así, la población desaparecería en muy poco tiempo. En 1961, otro naturalista descubrió a las mismas arañas saltadoras viviendo a grandes altitudes, y se percató de que en realidad vivían de las moscas que los vientos traían desde altitudes más bajas. La araña saltadora del Himalaya, *Euophrys omnisuperstes* (Salticidae), también se encuentra a altitudes mucho más bajas, pero ostenta el récord de vivir a la mayor altitud conocida entre todas las arañas. El nombre de su especie significa «por encima de todo».

encontrado a ninguna de las arañas saltadoras de gran capacidad visual viviendo en cuevas. Otra característica de algunas arañas que habitan en cuevas es la evolución de unas patas muy largas para percibir ese mundo en penumbra, como las largas antenas de algunos insectos cavernícolas.

ARAÑAS EN LA ANTÁRTIDA

La Antártida es el único continente en el que no viven arañas, pero algunas de ellas la han visitado. Viajaron como polizones con un cargamento transportado al continente helado. Acabó siendo un viaje de ida para las arañas, ya que todas se encontraron muertas a causa del frío extremo.

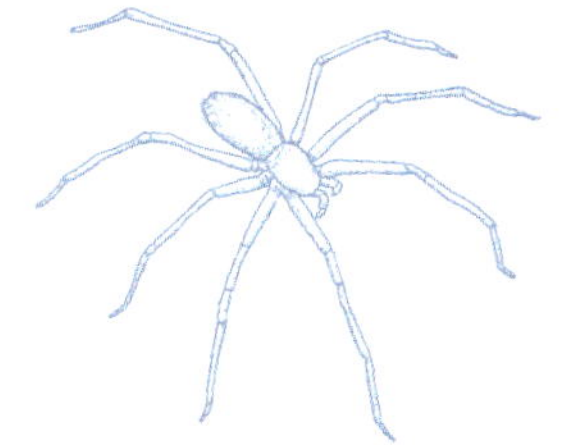

→ Muchas de las arañas que viven en cuevas pierden los ojos y dependen de otros sentidos para percibir el oscuro mundo que les rodea.

EL CEREBRO DE LAS ARAÑAS

El cerebro de las arañas cuenta con dos partes principales situadas cerca de los ojos. La parte superior, el ganglio supraesofágico, está conectada a la inferior, el ganglio subesofágico, y ambas controlan las respuestas a la información sensorial interna y externa. Los nervios de ambos ganglios envían y reciben información de los distintos sistemas orgánicos del abdomen.

ARAÑAS MUY ESPABILADAS

El comportamiento complejo e inteligente de las especies de *Portia*, una araña saltadora que se come a otras arañas, está cambiando la forma de pensar de los investigadores sobre lo que es capaz de hacer un cerebro que podría caber cómodamente en la cabeza de un alfiler. Las arañas saltadoras tienen una vista excelente (aproximadamente una sexta parte tan eficaz como la nuestra) y los investigadores descubrieron que son capaces de ver películas en pantallas diminutas (*véase* capítulo 9, página 104). Esto ha llevado a los investigadores a plantearse si su extraordinaria vista influyó en la evolución de su cerebro y le confirió la inteligencia de un pequeño mamífero.

UNA CAPACIDAD INTELECTUAL MINÚSCULA

El número de células nerviosas que componen el cerebro de una araña tejedora enana —la especie *Mysmena* (Mysmenidae)— no es menor que el de la gran *Trichonephila clavipes*, una araña de seda dorada, aunque esta última pesa unas 20000 veces más. Construir una telaraña orbital requiere la misma capacidad intelectual, tanto si la araña es grande como pequeña. Mientras que *Trichonephila* puede encajar fácilmente su cerebro en su cuerpo, el cerebro de *Mysmena* ocupa alrededor del 80 por ciento de su cuerpo, e incluso alrededor del 25 por ciento del espacio de sus patas.

→ *Trichonephila clavipes* se alimenta de un insecto grande atrapado en su telaraña.

REGISTROS DEL CEREBRO DE UNA ARAÑA

A lo largo de muchos años, los investigadores han aprendido cómo ven el mundo las arañas saltadoras con su excepcional vista. Seis ojos de menor resolución actúan como detectores de movimiento y dirigen la atención de los dos ojos de alta resolución, ya sean presas, parejas o depredadores. Hasta hace poco, el modo en que el cerebro de una araña saltadora, del tamaño de una semilla de sésamo, procesa esa información era un misterio. Dado que sus cuerpos están sometidos a presión, intentar insertar un electrodo en el cerebro era como clavar una aguja en un globo lleno de líquido. Sin embargo, los investigadores pudieron insertar en el cerebro de la araña los electrodos extremadamente resistentes y finos utilizados en mamíferos, y así empezaron a comprender cómo procesa la información el cerebro de estos animales tan inteligentes.

UN ESQUELETO EXTERIOR

Las arañas tienen un esqueleto exterior (llamado exoesqueleto) que posee dos segmentos corporales. Estos están unidos por una estrecha cintura circular denominada pedicelo. El segmento delantero, el cefalotórax (cabeza y tórax fusionados), tiene una cubierta dura, parecida a una armadura, y es donde las patas se unen al cuerpo. También sirve de superficie de fijación para los músculos, como nuestros huesos. En la parte delantera del cefalotórax se encuentran los quelíceros (mandíbulas) con sus colmillos. A ambos lados de los quelíceros se hallan los pedipalpos, cortos y similares a patas, que se utilizan para manipular a las presas. En los machos maduros, los pedipalpos transportan el esperma.

El abdomen es menos rígido y más flexible, por lo que se puede expandir después de comer. El pedicelo conecta los sistemas intestinal, nervioso y circulatorio del cefalotórax con el abdomen. Al final de este se encuentran los órganos que tejen la seda, unas proyecciones parecidas a dedos que se denominan hileras.

PATAS ARTICULADAS

Todas las arañas tienen ocho patas articuladas, cada una de las cuales con siete segmentos. En el extremo de cada pata, las arañas tienen dos o tres garras tarsales. Las arañas que construyen telarañas tienen tres garras; la del medio es para manipular los hilos de seda con los que se teje la telaraña. Las arañas con dos garras suelen contar con pelos adhesivos (llamados pelos escopulados). Estos se ramifican en cientos de pelos más pequeños y permiten a la araña trepar por paredes verticales lisas.

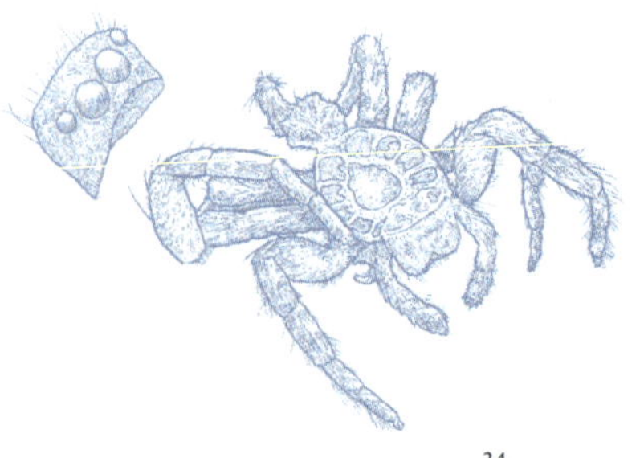

← Exoesqueleto que ha mudado una araña saltadora. Esta imagen también muestra las lentes mudadas de cuatro de los ocho ojos de la araña.

PERDER UNA PATA

Las arañas disponen de un mecanismo que hace que las arañas puedan amputarse una o varias patas. La autotomía permite a la araña escapar de un depredador que ha agarrado una de sus patas. Además, si un insecto urticante pica a una araña, esta puede autotomizar esa pata antes de que el veneno llegue a su cuerpo. Las dos primeras articulaciones de la pata unidas al cuerpo de la araña, coxa y trocánter, poseen una membrana articular entre ellas. Bajo tensión, la membrana se rompe y la pata se desprende. Los músculos de la coxa tiran de los restos de la membrana hacia dentro y la sangre coagulada sella la herida para detener la pérdida excesiva de sangre.

~ Pelos sensoriales ~

El cuerpo de una araña, y en especial las patas, está cubierto de cientos (e incluso decenas de miles) de pelos sensoriales que pueden detectar vibraciones en el suelo y en el aire, así como señales químicas. El último segmento de la pata de una araña es el tarso, que contiene el órgano tarsal, capaz de detectar la temperatura y la humedad.

CADA VEZ MÁS GRANDES

Como las arañas poseen un exoesqueleto rígido, necesitan sustituirlo por otro más grande a medida que crecen (muda) y es una tarea arriesgada. El nuevo exoesqueleto crece bajo el anterior. El aumento de la presión sanguínea en el cefalotórax hace que la parte superior del antiguo exoesqueleto se desprenda. A continuación, vuelve a aumentar la presión sanguínea hasta que el nuevo exoesqueleto alcanza su tamaño. Este se endurece en unas pocas horas. Si la araña pierde una o más patas antes de mudar, puede desarrollar patas nuevas en varias mudas. Si pierde las patas después de la última muda, no podrá reemplazarlas.

CÓMO RESPIRAN LAS ARAÑAS

Al igual que los humanos, las arañas necesitan un suministro constante de oxígeno para respirar. En la parte inferior del abdomen tienen dos pequeñas aberturas por las que el aire entra en los pulmones en libro. Estos se asemejan a un libro muy poco común (de ahí su nombre), con páginas infladas y llenas de sangre, y con bolsas de aire entre ellas. La sangre recoge oxígeno de las bolsas de aire, que es transportado al corazón para ser bombeado por todo el cuerpo de la araña. Al tiempo que capta oxígeno, el dióxido de carbono sale de los pulmones en libro a través de la abertura abdominal.

RESPIRAR A TRAVÉS DE UN TUBO

Además de un par de pulmones en libro, la mayoría de las arañas (excepto los grupos más antiguos, incluidas las tarántulas) también respiran a través de un sistema de tubos muy ramificado y eficiente conocidos como tráqueas. Dependiendo de la araña, pueden tener una o dos aberturas denominadas espiráculos, y se sitúan cerca de la parte posterior del abdomen. Algunas arañas pequeñas solo respiran por las tráqueas.

↓ La araña cangrejo *Misumena nepenthicola* (Thomisidae) vive dentro de plantas jarra y utiliza una burbuja de aire para respirar mientras está sumergida en el líquido de la planta, donde permanece para cazar y ocultarse.

→ La araña de agua, *Argyroneta aquatica* (Dictynidae), es la única araña conocida que pasa casi toda su vida bajo el agua. Estas arañas salen a la superficie para adherir burbujas de aire a su abdomen y sus patas, lo que mantiene su campana sumergida llena de aire.

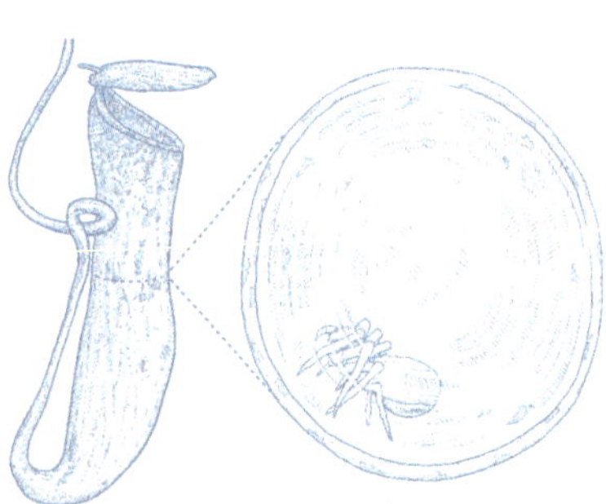

EL CORAZÓN Y LA CIRCULACIÓN

El líquido circulatorio de la araña (hemolinfa) transporta sangre y nutrientes por todo el cuerpo. También es el fluido que acciona el mecanismo hidráulico esencial para caminar. Al contraer los músculos del cefalotórax para reducir el tamaño de su cuerpo, la araña aumenta la presión sanguínea e impulsa el fluido hacia las patas, que se enderezan. A continuación, los músculos de las patas, controlados por los nervios y el sistema nervioso central, inician la marcha.

EL CORAZÓN

La hemolinfa es bombeada alrededor del cuerpo por un corazón tubular muscular situado en el abdomen. El corazón tiene una gran arteria llamada aorta anterior, que conduce la sangre al cefalotórax, y una aorta posterior que suministra sangre al abdomen. Cuando el corazón se contrae, la sangre recorre el cuerpo de la araña a través de las arterias principales, que se ramifican en arterias más pequeñas. Las válvulas de ambos extremos del corazón se cierran tras la contracción para impedir que la sangre vuelva a este órgano.

LA CIRCULACIÓN

Mientras los vasos sanguíneos de la araña se ramifican en otros más pequeños, la hemolinfa acaba saliendo de los vasos y la sangre baña los tejidos de la araña, suministrando oxígeno y nutrientes. Es lo que se conoce como sistema circulatorio abierto. Cuando el corazón se relaja, la hemolinfa fluye de nuevo hacia el abdomen y los pulmones en libro, donde se difunde el dióxido de carbono. La hemolinfa recoge más oxígeno antes de regresar al corazón para ser bombeada de nuevo por todo el cuerpo.

~ Sangre azul ~

La molécula que transporta el oxígeno en nuestro cuerpo se llama hemoglobina. Contiene hierro y hace que nuestra sangre sea roja. En las arañas, la molécula que transporta el oxígeno a los tejidos es la hemocianina, que contiene cobre y aporta a la sangre un ligero color azul.

ARAÑAS SALTADORAS

Las arañas caminan cambiando la presión interna de sus fluidos corporales para aumentar y reducir la cantidad de fluido en las patas. Esto se coordina con la contracción y la relajación de los músculos de las patas. Algunas arañas pueden saltar distancias cortas, pero hay otras capaces de saltar casi cuarenta veces la longitud de su propio cuerpo. La distancia máxima del salto de un humano es de unas cinco longitudes corporales. A fin de prepararse para el salto, la araña levanta el par de patas delanteras y sujeta una cuerda de seguridad de seda. A continuación, incrementa de manera repentina la cantidad de fluido que empuja hacia el tercer o cuarto par de patas, o hacia ambos, y se eleva en el aire. Gracias a su excelente vista, la araña puede aterrizar en el blanco.

↓ Sujeta a una cuerda de seguridad de seda, la araña saltadora *Marpissa muscosa* (Salticidae) salta de una bellota a otra.

ALIMENTACIÓN LÍQUIDA

Las arañas siguen una dieta líquida. Las partículas mayores de 0,0001016 cm (una micra) se filtran y no entran en el sistema digestivo de la araña. Con la presa paralizada o muerta (normalmente con veneno), o envuelta en seda, las arañas comienzan a alimentarse. Algunas aplastan a sus presas con sus mandíbulas, que suelen tener proyecciones parecidas a dientes para ayudar a romper el exoesqueleto del insecto y exponer los tejidos. Otras arañas se alimentan a través de agujeros diminutos realizados en la presa con sus colmillos. Cuando estas arañas acaban de comer, la presa queda intacta por fuera, pero hueca por dentro.

ALIMENTACIÓN CON PRESAS NOCIVAS

La araña cazadora roja, *Dysdera crocata* (Dysderidae), tiene unos colmillos de un tamaño impresionante. Gracias a ellos, la araña puede sujetar a su presa principal, la cochinilla, con un colmillo que actúa como una tijera. El otro colmillo inyecta el veneno a la presa por su parte inferior blanda. Muy pocas arañas comen cochinillas porque segregan una sustancia química nociva. Al mantener la cochinilla alejada de su propio cuerpo, la araña puede evitar esas defensas químicas de la presa. Cuando la araña se alimenta, utiliza con cuidado un colmillo para abrir un agujero en el centro de la parte inferior de la cochinilla, lejos de las gotitas defensivas, y mezcla los fluidos digestivos con los tejidos de la presa antes de succionar el líquido.

→ La *Dysdera crocata* de color rojo es originaria del Mediterráneo, pero ahora presenta una distribución variada.

UNA BOLSA DE SOPA DE SEDA

Las arañas ulobóridas, conocidas como arañas cribeladas de tela orbital, no tienen glándulas venenosas; en su lugar, envuelven a su presa en seda para que no pueda escapar. La presa queda comprimida en una pequeña bolsa de seda. A continuación, la araña regurgita líquido digestivo en la bolsa. De ese modo se disuelven las membranas blandas, como las articulaciones de las patas, y la araña puede extraer los tejidos de la presa, que se filtran después de ser comprimidos. Las piezas bucales de la araña no entran en contacto con la presa durante la alimentación y succionan los nutrientes parcialmente digeridos a través de la envoltura de seda, que también actúa como filtro para impedir que las posibles piezas sólidas de la presa interfieran en la alimentación.

COLADORES

Las arañas empiezan a digerir a sus presas fuera de su propio aparato digestivo al vomitar sobre el cuerpo de estas o dentro de él. Segregan un fluido digestivo que contiene varias enzimas y que se mezcla con los tejidos de la presa para descomponerlos. Cuando la presa está suficientemente líquida, la araña succiona el líquido hacia su sistema digestivo interno. Un filtro inicial de pelos en la parte delantera de la diminuta boca actúa como un colador. Ya en el interior de la boca, en la faringe, hay una hendidura estrecha, como un diente, que también filtra las partículas más grandes.

~ Estómago de bombeo ~

Para llevar los nutrientes parcialmente digeridos al intestino medio, donde se completa la digestión, las arañas utilizan el buche aspirador, que aspira líquido y lo bombea al intestino medio mediante la contracción y relajación de varios grupos de músculos. En cada extremo del buche, unas válvulas desplazan el fluido en la dirección correcta. Cuando termina la digestión, los nutrientes se transportan por el cuerpo, los residuos se filtran y el agua se conserva gracias a los túbulos de Malpighi, con una función similar a la nuestros riñones.

UN APETITO VORAZ

Las arañas pueden ingerir una enorme cantidad de alimento en un breve espacio de tiempo. Esto explica por qué pueden sobrevivir muchos meses sin comer. En el intestino medio de la araña, que se extiende desde el estómago, en el cefalotórax, hasta el abdomen, tiene lugar la digestión. Después de una ingesta abundante, el intestino medio se expande y ocupa casi todos los espacios del interior del cuerpo de la araña. En el abdomen se dilata alrededor de las glándulas de seda y los órganos reproductores de las hembras.

CEREBRO APRETADO

En el cefalotórax, el intestino medio se divide en dos prolongaciones a ambos lados del estómago. Cada una de ellas cuenta con numerosas proyecciones similares a dedos. Cuando el intestino medio se llena de alimento, esas proyecciones se extienden hacia la primera articulación (coxa) de las ocho patas de la araña. También hacia delante, y se expanden alrededor del cerebro. En las arañas saltadoras, los dos tubos oculares largos también son empujados por las proyecciones llenas de alimento.

↓ La araña saltadora *Hyllus semicupreus* (Salticidae), originaria de la India, utiliza la seda como soporte y el veneno para atrapar presas como grandes saltamontes.

↓ La araña de tela orbital *Argiope submaronica* (Araneidae), de Costa Rica, atrapa y come murciélagos narigones (*Rhynchonyeteris naso*).

→ Una hembra de araña balsa, *Dolomedes fimbriatus* (Pisauridae), se come un espinoso (*Gasterosteus aculeatus*). La araña apoya las patas delanteras en la superficie del agua y percibe las vibraciones que produce su presa al nadar. A continuación, se sumerge y atrapa a la presa.

MANTENER LA VERTICALIDAD

En 1973, cuatro años después de que el hombre pisara la Luna por primera vez, se llevaron dos arañas de la cruz, *Araneus diadematus* (Araneidae), comunes a la primera estación espacial de la NASA, Skylab, para ver cómo afectaba la gravedad cero a la construcción de telarañas.

LAS TELARAÑAS ORBITALES Y LA GRAVEDAD

La mayoría de las arañas de telas orbitales construyen telarañas asimétricas, con el centro más cerca de la parte superior. Esto significa que el área de captura de presas debajo del centro es mayor que la parte superior. La araña se coloca en el centro mirando hacia abajo, ya que la gravedad hace que resulte más fácil y rápido bajar por la tela para capturar presas que subir por ella. Se cree que los órganos sensoriales liriformes situados en la cintura, entre el cefalotórax y el abdomen, pueden advertir la gravedad, por lo que la araña distingue entre abajo y arriba. Cuando la araña se encuentra orientada hacia abajo, la fuerza de la gravedad hace que las ranuras de los órganos liriformes se estrechen, lo que indica al sistema nervioso central de la araña hacia dónde está mirando.

MOTÍN EN LA ESTACIÓN ESPACIAL

En 2008 se llevaron otras dos arañas de tela orbital a la Estación Espacial Internacional. Una de ellas fue capaz de tejer una tela en su jaula sellada. La otra servía de reserva por si la primera acababa muriendo. Por desgracia, la araña de reserva consiguió entrar en la jaula de la otra araña. Las dos compitieron por el espacio mientras intentaban tejer telarañas orbitales adecuadas sin éxito. Las moscas de la fruta criadas como presas de las arañas también escaparon a la misma jaula. Al cabo de un mes, la ventana de observación estaba repleta de una cortina de larvas de mosca cubiertas de un medio nutritivo y pupas de mosca. Obviamente, el experimento no salió como estaba previsto.

ARAÑAS EN EL ESPACIO

Los resultados de las primeras arañas espaciales en 1973 y de un viaje a la Estación Espacial Internacional en 2008 fueron dispares debido a las dificultades para alojar a las arañas y registrar su comportamiento. Sin embargo, un exitoso viaje a la estación espacial en 2011 demostró que las arañas construyen telas más simétricas en gravedad cero que en la Tierra. Las arañas fueron fotografiadas cada cinco minutos durante once meses, lo que dio a los investigadores una imagen muy detallada de su conducta. Descubrieron que cuando las arañas tenían una fuente de luz encima, la utilizaban (en lugar de la gravedad) para orientarse y construir telas asimétricas similares a las que tejían en la Tierra.

↑ En 2012, después de cien días a bordo de la Estación Espacial Internacional, una araña saltarina de espalda roja, *Phidippus johnsoni* (Salticidae), regresó a la Tierra sana y salva.

«ESCUCHAR» EN LAS TELARAÑAS

Presas y depredadores viven enzarzados en una batalla evolutiva de ingenio en la que las presas no quieren ser comidas y los depredadores quieren comérselas. Un brillante ejemplo es el de las arañas como depredadoras y las polillas como presas. Las polillas han desarrollado un ingenioso truco para evitar convertirse en presas cuando van a parar a una telaraña orbital. Pueden desprenderse de un ala y de las escamas del cuerpo, y deslizarse entre los pegajosos hilos radiales de la telaraña para escapar ilesas.

ARAÑA CONTRA POLILLA

Algunas arañas de tela orbital han desarrollado una ingeniosa forma de modificar sus telarañas para atrapar polillas. *Scoloderus cordatus* (Araneidae), de Norteamérica, construye una telaraña vertical escalonada con la típica tela orbital en la parte inferior. Si las polillas topan con la escalera de seda, caen y se despojan de sus escamas protectoras antes de quedar atrapadas en el fondo de la telaraña orbital pegajosa. La araña capta las vibraciones de la víctima tambaleante a través de la seda, sale corriendo y atrapa a la polilla, que se queda atascada en la telaraña orbital al final de la escalera. Las telarañas con restos de escamas de polilla son testimonio de su destino como presa principal de una telaraña atrapapolillas.

↓ La araña de jardín, *Araneus diadematus* (Araneidae), permanece a la espera en su tela con sus garras en posición de descanso y «escuchando» en los hilos de seda.

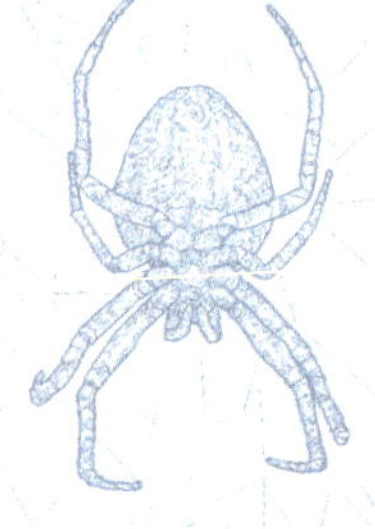

TRAMPAS CON RESORTE

Parasteatoda tepidariorum, o araña casera común, (Theridiidae), se encuentra habitualmente en lugares donde vive gente. Construye una telaraña enmarañada de aspecto desordenado en la que caen insectos voladores. También atrapa a sus presas de un modo casi opuesto al de las telas en escalera. La araña pega hilos de seda al suelo por debajo de su telaraña. Esos hilos pegajosos se en-

ARAÑA PATILARGA DEL SÓTANO

La araña patilarga del sótano, *Pholcus phalangioides* (Pholcidae), se encuentra en la mayoría de los lugares habitados por humanos, y uno de sus nombres se debe a su costumbre de construir su telaraña en lugares oscuros. También se conoce como araña de patas largas por esa característica que comparte con su pariente arácnido, el opilión. La araña cuelga boca abajo en su tela y, cuando detecta las vibraciones de las presas atrapadas, las envuelve en un sudario de seda antes de inyectarles el veneno. Si la araña detecta peligro en su tela, dispone de una defensa muy eficaz: hace vibrar la tela balanceando su cuerpo en círculo. Los movimientos son tan violentos que pueden expulsar a la amenaza de la telaraña.

cuentran en tensión y funcionan como trampas con resorte. Si la presa se queda pegada, la seda se despega y la eleva en el aire. Sin contacto con el suelo, la presa cuelga indefensa. Las vibraciones transmitidas por la seda mediante el forcejeo alertan a la araña de la llegada de una presa atrapada, que se iza hasta la maraña de la telaraña y recibe el ataque de la araña. Los hilos de seda en tensión tiran de la telaraña enredada que hay sobre ellos, y esta cuenta con una seda extrafuerte para sujetar la telaraña y mantenerla en su sitio.

~ Levantar lagartijas ~

Las trampas con resorte son tan eficaces que incluso pueden atrapar presas de gran tamaño, como lagartos e insectos grandes, que pueden pesar hasta cincuenta veces más que la araña. Esta utiliza una especie de sistema de poleas de seda para levantar a la presa del suelo y llevarla hasta la telaraña antes de darse un enorme festín. Una de las razones por las que las lagartijas pueden caer en la telaraña y convertirse en presas es que se sienten atraídas por el sonido de las moscas atrapadas que baten sus alas en un intento de escapar de la telaraña.

«ESCUCHAR» EN EL SUELO

El peso de un insecto que camina sobre una hoja hace que esta se mueva unos 0,00001 mm. Las arañas de las bromelias —género *Cupiennius* (Theridiidae)— pueden captar ese movimiento a casi 2 m de distancia. Aunque la araña también puede captar las vibraciones del aire, cuenta con unos órganos sensoriales especializados en las patas, los órganos liriformes, que son sensibles a las vibraciones del suelo. Estos están formados por numerosas hendiduras. Las vibraciones hacen que estas hendiduras se aprieten ligeramente, lo que envía información sensorial al cerebro de la araña para su procesamiento.

DETECCIÓN DE LA PRESA AL CAMINAR

Cuando una araña de las bromelias «escucha», levanta el cuerpo y extiende las patas, con el extremo (tarso) apoyado en una superficie como una hoja. Los órganos liriformes situados en la articulación entre el metatarso y el tarso pueden captar las vibraciones de la presa e indicar a la araña cuándo está cerca para atraparla.

↓ Los órganos liriformes (B) son sensibles a la presión y se hallan situados en la articulación de la pata de la araña, entre el metatarso (A) y el tarso (C). Son capaces de captar las vibraciones de las presas que caminan cerca.

→ Sentada y a la espera en una pose característica, esta hembra de araña errante atigrada, *Cupiennius salei* (Trechaleidae), capta las vibraciones de la presa que camina cerca. La araña se oculta durante el día y caza insectos, ranas y lagartos por la noche.

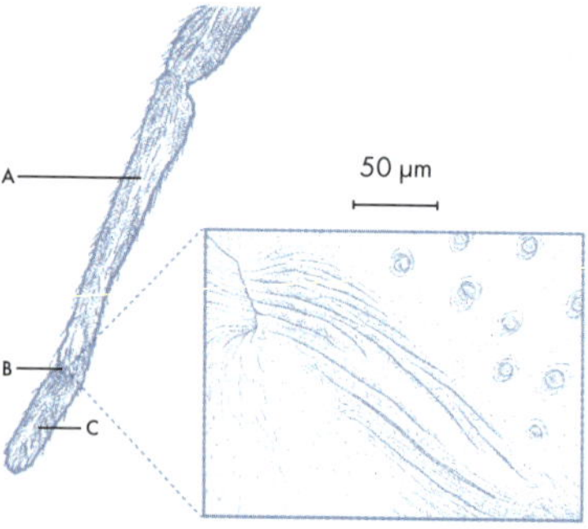

«ESCUCHAR» EN EL AIRE

Para un animal de su tamaño, la araña saltadora tiene una vista extraordinariamente buena y ve tan bien como algunos primates. Hace poco tiempo, unos investigadores utilizaron microelectrodos diminutos implantados en el cerebro de *Phidippus audax* (Salticidae), una araña saltadora común de Norteamérica. Querían identificar la parte del cerebro utilizada para procesar la información visual procedente de sus dos grandes ojos orientados hacia delante que dotan a estas arañas de esa vista tan aguda.

«ESCUCHAR» LOS CEREBROS

Cuando un investigador se levantaba, su silla chirriaba en el suelo y el cerebro de la araña respondía. Como parte del dispositivo de grabación, cuando los electrodos del cerebro de la araña captaban una señal procedente de la activación de las células nerviosas cercanas, provocaban un sonido («pop») en un altavoz que los investigadores podían percibir. Los investigadores empezaron a aplaudir desde una distancia de 3 a 5 m y, con cada palmada, llegaba un «pop» del altavoz. Se pensaba que las arañas solo podían «oír» los sonidos cercanos, y que los lejanos solo eran audibles para un animal con membrana timpánica. Los investigadores descubrieron que las frecuencias a las que respondía la araña coincidían con el sonido del batir de alas de las avispas parasitoides, un enemigo de las arañas saltadoras.

~ Las arañas saltadoras pueden oír ~

Investigaciones anteriores demostraron que las arañas saltadoras se paralizan cuando escuchan el vuelo de avispas parasitoides. Los pelos sensoriales de las patas de la araña se mueven a causa de las vibraciones del sonido y envían señales a su cerebro. Resulta asombroso pensar que las arañas saltadoras puedan oírnos hablar, aunque nos hallemos al otro lado de una habitación.

LA ARAÑA OYE UN VIOLÍN

Los pelos sensoriales especiales de las patas de las arañas, capaces de captar las vibraciones que viajan por el aire, se denominan tricobotrios. Los descubrió a finales del siglo XIX un especialista en arañas mientras observaba los pelos de la pata de una araña. Se dio cuenta de que los pelos se movían en respuesta al sonido de un violín que alguien tocaba cerca. Los investigadores que descubrieron que las arañas saltadoras perciben sonidos desde mucho más lejos de lo que se pensaba también trataron de averiguar si las arañas pescadoras y las arañas lobo perciben sonidos a cierta distancia. Como todas las arañas tienen tricobotrios, no es de extrañar que tengan esa capacidad. Si habla a las arañas en distintos tonos, es posible que reaccionen.

↓ Aunque las arañas saltadoras son famosas por su vista, *Phidippus audax* (araña saltadora común de Norteamérica) ha demostrado a los investigadores que también es capaz de percibir muy bien los sonidos.

OJOS ASOMBROSOS

Aunque la mayoría de las arañas tienen ocho ojos, la vista de casi todas ellas es deficiente y dependen de las vibraciones, el tacto y las señales químicas para percibir el mundo que les rodea. Pero hay excepciones insólitas: desde las arañas saltadoras con diminutos telescopios dentro de la cabeza hasta las arañas lanzadoras de redes con el equivalente a unas gafas de visión nocturna (*véase* capítulo 7, página 92).

LOS OJOS DE LA ARAÑA SALTADORA

Las arañas saltadoras son inusuales porque, a diferencia de la mayoría de las arañas, se mantienen activas durante el día y se basan en su excelente visión para encontrar presas y pareja, así como para evitar a los depredadores. Por fuera, los rasgos más característicos de la araña son sus dos grandes ojos orientados hacia delante con lentes convexas. Detrás de las lentes se extienden dos tubos oculares alargados.

~ Una visión increíble ~

Como nuestros ojos similares a cámaras, las lentes de los ojos principales de las arañas saltadoras enfocan las imágenes en una retina. En las arañas saltadoras, la retina se encuentra al final del tubo ocular y se compone de cuatro capas. Debido a la longitud del tubo ocular y a una segunda lente próxima a la retina, los ojos funcionan de manera semejante a un telescopio y hacen que los objetos lejanos parezcan más cercanos. Las tres primeras capas de la retina permiten a la araña ver diferentes colores, mientras que la capa posterior cuenta con el mayor número de receptores

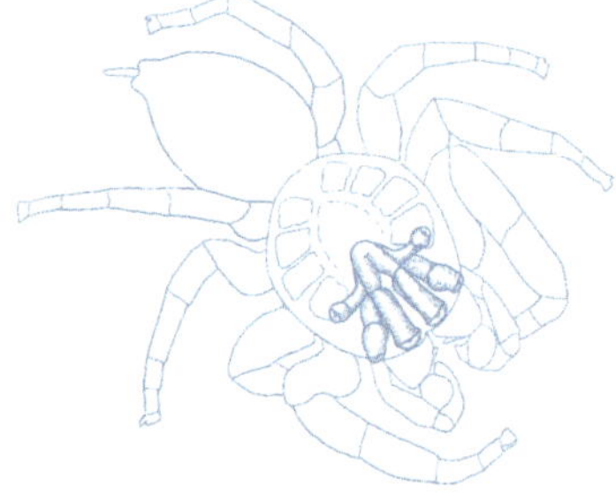

→ Los dos grandes tubos oculares de una araña saltadora, parecidos a telescopios, combinados con los seis ojos más pequeños hacen que su vista sea excelente.

TIGRES VOLADORES

Hace cientos de años, los chinos llamaban a las arañas saltadoras «tigres voladores» porque cazan a sus presas como un tigre. Los investigadores también las han denominado «gatos de ocho patas». Aunque ninguna otra araña ni ningún otro animal de un tamaño similar tiene una vista que rivalice con la de la araña saltadora, tanto la araña lobo como la araña cangrejo poseen una vista razonable y son capaces de ver los objetos cercanos. Las arañas lobo macho incluso agitan las patas delanteras hacia las hembras durante el cortejo. Las arañas cangrejo pueden ver a las presas cercanas y agarrarlas con sus largas patas delanteras.

sensibles a la luz y permite a la araña ver detalles (con una vista una sexta parte tan eficaz como la nuestra).

~ Retinas diminutas ~

Dado que la imagen captada por las lentes frontales es mucho mayor que la que puede captar la retina, relativamente diminuta, la araña tiene músculos alrededor de los tubos oculares y puede moverlos para analizar lo que miran las lentes. Cada retina tiene forma de bumerán, en cuyo centro se encuentra la mayor densidad de fotorreceptores. Es similar a la fóvea central de nuestros ojos, que nos permite ver con un increíble detalle. Al escanear con ambos ojos, de manera que el área de visión de los dos bumeranes se junte y forme una X, la araña puede distinguir los detalles de lo que está viendo. Dos de los otros seis ojos de la araña están situados junto a los ojos principales y los otros cuatro se encuentran detrás. Estos ojos son mucho más simples que los principales, pero constituyen excelentes detectores de movimiento que aportan a la araña una visión de 360 grados. Los ojos situados a ambos lados de los principales son esenciales para guiar a la araña en la observación de los detalles de un objeto. Según los investigadores, sería similar a mirar en una habitación oscura con una linterna, mientras que los detectores de movimiento indican dónde mirar.

PERCIBIR LOS AROMAS

La araña *Evarcha culicivora* (Salticidae), originaria de África oriental, se alimenta de mosquitos llenos de sangre humana. Las arañas son capaces de atacar a las hembras de mosquito repletas de sangre y despojarlas de su sustento. Los mosquitos macho no ingieren sangre.

PERFUME A BASE DE SANGRE

Cuando la sangre está dentro de la araña, no solo sirve de alimento. También se utiliza para fabricar un perfume (feromona) que hace que machos y hembras se sientan más atraídos. El afrodisíaco a base de sangre reduce el umbral de ambos sexos para el apareamiento. Es posible que el aroma sanguinolento indique a ambos sexos que son buenos cazadores y que serían buenos padres para sus crías.

Dado que las arañas son en su mayoría solitarias, muchas hembras adultas producen aromas que se transmiten por el aire para indicar a los machos dónde se encuentran y que no se han apareado. El macho puede localizar a la hembra siguiendo su olor. A continuación, podrá cortejarla para comprobar si ella le considera un pretendiente digno de ser el padre de su descendencia.

↓ Una hembra de mosquito (*Anopheles gambiae*) con el abdomen hinchado después de alimentarse de sangre, con la posible transmisión de la malaria.

↓ Cuando una hembra de araña lobo, *Pardosa milvina* (Lycosidae), detecta la seda de un macho cortejante, teje más de su atractiva seda.

→ Sentada en una hoja cerca del lago Victoria, en Kenia, una hembra de araña vampiro, *Evarcha culicivora*, se alimenta succionando sangre humana del cuerpo de un mosquito hembra que acaba de picar a una persona.

CONSTRUIR UNA TELARAÑA ORBITAL

Un grupo de investigadores de Estados Unidos se propuso analizar los detalles de la construcción de una telaraña orbital para entender cómo es posible que el diminuto sistema nervioso de una araña sea capaz de crear una estructura tan elaborada.

INTELIGENCIA ARTIFICIAL

Los investigadores de la Universidad Johns Hopkins crearon un escenario en su laboratorio para grabar la construcción de las telarañas de seis hembras de la especie *Uloborus diversus* (Uloboridae), autóctona del oeste de Estados Unidos. Utilizaron cámaras y luces de infrarrojos para filmar a las arañas de noche, que es cuando trabajan. Registrar todos los movimientos de las arañas durante la construcción de la telaraña implicaba el análisis de millones de movimientos individuales, pero los investigadores contaron con la ayuda de un programa de inteligencia artificial entrenado para seguir el movimiento de las extremidades. El programa controló los movimientos de 26 puntos diferentes de cada araña (3 puntos en cada una de sus 8 patas y la parte delantera y trasera de la araña) mientras las 6 arañas construían 21 telas distintas.

GOTAS PEGAJOSAS Y ELÁSTICAS

Las arañas de telaraña orbital tienen telas muy elásticas que pueden absorber el impacto de un insecto volador sin romperse. En los hilos en espiral también se depositan unas gotitas pegajosas que, como la telaraña, son muy elásticas. Cuando las presas vuelan hacia la telaraña, las gotitas se estiran, pero no se desprenden de los hilos de seda. Cuando la telaraña se relaja después del impacto, el pegamento estirado recupera la forma de gotitas. Esto hace que se adhieran a la presa y la atrapen antes de que la araña se abalance sobre ella y capture su comida paralizada.

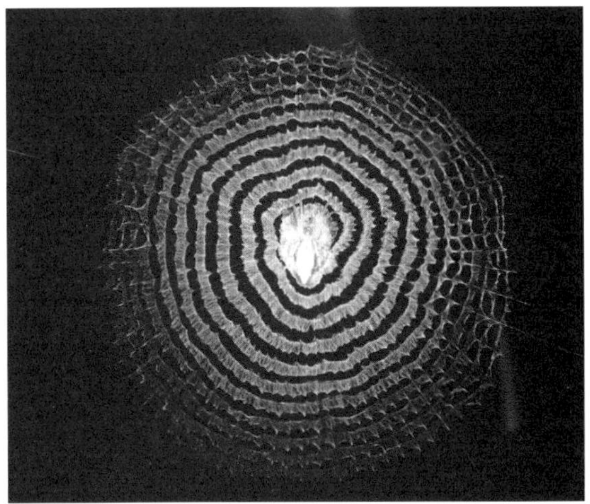

↑ El estabilimento de la telaraña orbital de una especie de *Cyclosa* (Araneidae) de las Filipinas puede disuadir a los pájaros de volar hacia ella. *Cyclosa* es conocida por tejer telarañas orbitales con desechos.

~ Desarrollo de la telaraña ~

Los investigadores observaron que cada araña creaba sus telarañas con movimientos similares en cada fase de la construcción. Las telarañas terminadas podían presentar un aspecto ligeramente distinto entre ellas, pero los pasos necesarios para su construcción eran muy predecibles. El simple hecho de conocer la posición de las patas de una araña indicaba a los investigadores qué parte de la tela estaba creando.

~ Cerebros diminutos ~

Los resultados sugieren a los investigadores que el cerebro de las arañas tiene codificado un programa de construcción de telarañas. Resulta asombroso que un cerebro tan diminuto sea capaz de desarrollar un comportamiento tan complejo.

ORO LÍQUIDO

La evolución de la seda en las arañas se ha comparado con la evolución del vuelo en los insectos como responsable de la increíble diversidad de especies en ambos grupos. Gracias a su resistencia y elasticidad, la seda ha evolucionado para servir a usos muy diversos, desde ingeniosos dispositivos para atrapar presas hasta refugios de seda en el Himalaya o bajo el mar. Aunque mucha gente asocia la seda de araña con las telarañas, los nuevos descubrimientos (como el de la araña lazadora acrobática que mata hormigas) muestran unos usos ingeniosos casi inimaginables.

La seda se almacena en forma líquida en las glándulas de seda del abdomen de la araña. Existen diez tipos de glándulas de seda, y las arañas pueden tener hasta siete glándulas distintas, cada una de las cuales produce diferentes tipos de seda. Por ejemplo, las arañas constructoras de telarañas tienen glándulas que producen seda para construir telarañas, capturar presas, envolver presas y huevos, volar y hacer líneas de arrastre de seguridad.

DECORACIÓN DE LAS TELARAÑAS

Algunas de las arañas que construyen telarañas orbitales decoran el centro de su tela con un adorno de seda conocido como estabilimento. Puede ser una espiral o una cruz de líneas gruesas, o alguna otra forma. La araña de la cruz de San Andrés, *Argiope keyserlingi* (Araneidae), debe su nombre al estabilimento en forma de cruz de su tela. Se pensaba que estos adornos ayudaban a estabilizar la tela. Las investigaciones han demostrado que no es así. Los adornos sirven más bien para disuadir a los depredadores, como los pájaros, de volar hacia la telaraña. Dado que las únicas arañas de tela orbital con estabilimento están en sus telas durante el día, parece una buena explicación para reducir el riesgo de las telarañas expuestas.

ESCUPIR SEDA

Las arañas escupidoras (Scytodidae) producen hilos de seda en las glándulas situadas en su abdomen. También poseen una gran glándula en la cabeza llena de un líquido parecido a la seda y pegamento. Utilizan esta mezcla como arma líquida, similar a los hilos pegajosos de una telaraña orbital, para atrapar a sus presas. La mezcla sale disparada por los conductos agrandados de los colmillos de la araña en fibrillas largas y finas. Como la araña sacude la cabeza de un lado a otro mientras dispara, la presa queda cubierta por dos líneas en zigzag de seda y pegamento. Casi inmediatamente, la seda se contrae en un 60 por ciento; esta contracción y el pegamento atrapan a la presa el tiempo suficiente para que la araña le inyecte su veneno.

DE LÍQUIDO A SÓLIDO

Al tirar de la seda cuando sale de las hileras de la araña (los órganos que hilan la seda situados al final del abdomen), se produce un cambio en la disposición de las proteínas que componen la seda para que formen un hilo sólido. La seda líquida se desplaza por un conducto que se va estrechando hasta que llega a los husillos, unos poros diminutos en forma de tubo situados en las hileras, y desde ahí sale en forma de hilo de seda.

DE LÍQUIDO A LÍQUIDO

Las gotas de pegamento utilizadas para atrapar presas, en su mayoría insectos voladores, en las telarañas orbitales permanecen en estado líquido desde el interior de la glándula de seda hasta que se aplican a las líneas espirales de la telaraña. Una vez en la tela, las gotas elásticas y pegajosas impiden que las presas escapen.

↓ *Argiope picta* (Araneidae), una especie de araña de tela orbital, arranca hileras de seda y las utiliza para envolver a las presas que acaba de capturar.

PENDER DE UN HILO

Como los alpinistas y los escaladores que se sujetan a una cuerda para evitar lesiones en caso de caída, muchas arañas se sostienen mientras se desplazan por su entorno. En el caso de las arañas saltadoras, que pueden saltar hasta unas cuarenta veces su longitud, anclan una línea de seguridad de seda, de manera que, si caen, solo lo hacen lo que mida la cuerda salvavidas. La línea de seguridad también impide que el cuerpo de la araña se desvíe hacia la izquierda o la derecha mientras salta, y se utiliza como freno en el aterrizaje. Esto significa que la araña aterriza sobre sus patas y no se desplaza tan rápido como en el primer salto.

HUIR Y ALIMENTARSE

Las arañas que fabrican telas se dejan caer por una línea de arrastre de seda cuando se ven amenazadas por depredadores o parasitoides. Una araña cangrejo —género *Mystaria* (Thomisidae)— de África cuelga de un hilo de seda mientras se alimenta.

↓ Después de saltar a una hoja, una araña cangrejo hembra, *Misumena vatia* (Thomisidae), todavía presenta una línea de arrastre de seda.

↓ La araña saltadora, *Hypoblemum albovittatum* (Saliticidae), trepa por una línea de arrastre y recoge la seda.

→ Esta hembra de araña saltadora cebra, *Salticus scenicus* (Salticidae), se prepara para lanzarse desde una hoja. Tras sujetar una línea de arrastre de seguridad a la hoja, aumenta la presión del fluido en sus patas traseras. Estas se enderezan y la araña se eleva en el aire.

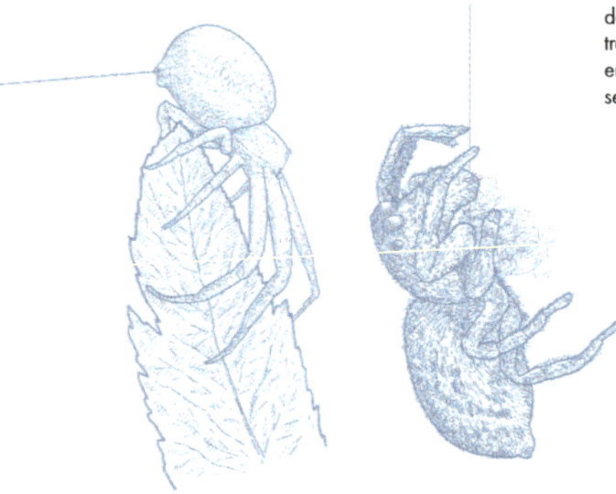

CAPULLOS PROTECTORES

Las arañas hembra ponen huevos y utilizan la seda en mayor o menor medida para proteger a los embriones en desarrollo cuando están fuera de su cuerpo. Algunas especies solo cubren los huevos con unas pocas hebras de seda y los mantienen dentro de un nido de seda; otras especies construyen elaborados capullos de seda con una capa mullida, parecida a una almohada, sobre la que reposan los huevos, y una capa exterior de seda gruesa y resistente para mantener la humedad en el interior del capullo y evitar que los huevos se sequen.

FORTALEZAS DE SEDA

Las fortalezas de seda creadas por algunas arañas protegen los huevos de los parasitoides de huevos, como algunas moscas y avispas (que pondrán su propio huevo dentro de un huevo de araña), así como de los depredadores que se comen los huevos de araña. A menudo, los capullos de los huevos se camuflan con escombros; en otros casos, se confunden con el color del fondo. Los huevos eclosionan y las crías permanecen en el interior del capullo hasta que han mudado al menos una vez antes de salir.

↓ Jóvenes tarántulas azul cobalto, *Cyriopagopus lividus* (Theraphosidae), emergen de una abertura en su saco de huevos.

↓ Las arañas saltadoras, *Myrmaplata plataleoides* (Salticidae), hembra, que imitan a las hormigas, protegen a sus huevos dentro de un nido de seda.

→ Una hembra de araña avispa, *Argiope bruennichi* (Araneidae), en su tela junto a un saco de huevos en forma de cuenco. Las crías de araña permanecen en el interior del saco durante el invierno y emergen en verano. Las marcas amarillas de la hembra actúan como reclamo para los insectos voladores.

ARAÑAS VOLADORAS

Ya en el siglo XIX se observó que algunas arañas muy pequeñas pueden recorrer grandes distancias utilizando la seda para elevarse en el aire. La araña dirige su abdomen hacia arriba y suelta uno o varios hilos de seda. Las corrientes de viento elevan a la araña en el aire. Se cree que así, con este vuelo (que más que a un viaje en globo recuerda a una cometa), fue como las arañas colonizaron islas remotas. Esos viajes por aire pueden resultar muy peligrosos para las arañas a menos que recorran únicamente una distancia corta y puedan posarse en tierra. Los vuelos más largos incrementan el riesgo de ser presa de las aves o de ir a parar al mar. Algunas arañas incluso han sido recogidas por aviones que volaban a gran altitud.

ARAÑAS CON CARGA ELÉCTRICA

También se han observado arañas volando sin viento que las elevara, así como ejemplares que pesaban cien veces más de lo que se creía posible para volar. Hace poco se ha demostrado que los hilos de seda que desprenden las arañas antes de emprender el vuelo tienen carga negativa. Dado que la superficie terrestre también tiene carga negativa, la repulsión electrostática entre la seda y la Tierra permite a las arañas volar sin corrientes de aire.

~ Percibir la electricidad ~

Los pelos sensoriales especiales de las patas de las arañas, llamados tricobotrios, pueden detectar los campos eléctricos. A raíz de un experimento en un recipiente grande y sin viento, los investigadores demostraron que las arañas volaban cuando había un campo eléctrico y no lo hacían cuando el campo se desactivaba.

→ Posada sobre una diminuta inflorescencia, esta araña del dinero perteneciente al género de *Tenuiphantes* (Linyphiidae) se prepara para ser transportada, sujeta a su línea de arrastre, por las corrientes de viento.

VOLAR EN EL SIGLO XIX

En 1883, una enorme explosión volcánica arrasó la isla de Krakatoa, situada frente a la costa de Java. Tres meses después de la explosión, los visitantes de la nueva isla surgida de la catástrofe descubrieron pequeñas arañas. Solo podían haber llegado a la isla volando desde tierra firme, a 32 km de distancia.

Cuando Charles Darwin (1809-1882) recorría el mundo en el HMS *Beagle*, observó que cientos de arañas diminutas subieron a bordo del barco cuando este se encontraba a 100 km de la costa de Sudamérica. También llegaron volando desde tierra firme y después abandonaron el *Beagle* y prosiguieron su viaje.

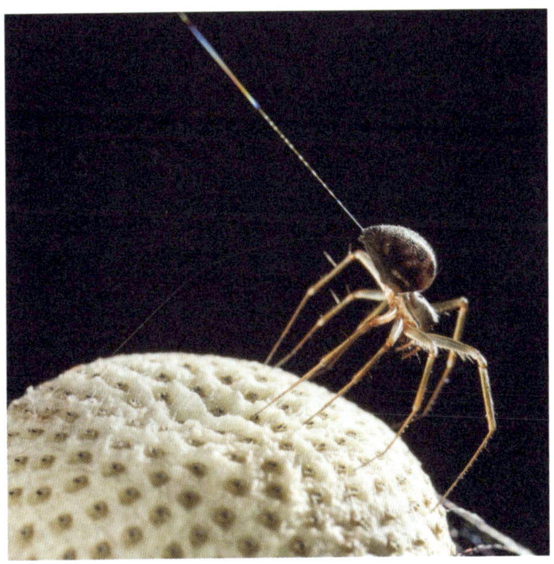

COMEDORAS DE HORMIGAS

Menos del 1 por ciento de las arañas conocidas comen hormigas, ya que son agresivas y pueden picar y morder. Sin embargo, algunas arañas han desarrollado formas muy originales de utilizar la seda que hacen que las defensas de las hormigas dejen de suponer una amenaza.

ASESINA DE HORMIGAS ACROBÁTICA

La araña asesina de hormigas australiana, *Euryopis umbilicata* (Theridiidae), probablemente sea una de las arañas comedoras de hormigas más destacables. Esta araña es capaz de enfrentarse incluso a una hormiga agresiva, la hormiga carpintera, que le dobla en tamaño. Además, captura a su presa alrededor del 90 por ciento de las veces, lo que supone casi el doble de éxito que un depredador como un león o un lobo. Durante el día, la araña se esconde bajo la corteza de los eucaliptos. Cuando sale, al anochecer, se adhiere a la corteza con un único hilo de seda mientras espera a que pase una hormiga en busca de alimento.

ENVOLVER Y CORRER

Las arañas de pared del género *Oecobius* (Oecobiidae) construyen telas planas que utilizan para refugiarse y esperar a sus presas, no para cazar. Estas arañas también son conocidas como arañas de patas estrelladas porque todas sus patas apuntan hacia fuera. Esta disposición ayuda a la araña con su inusual método para atrapar hormigas, su presa habitual. En el refugio de la araña hay hilos de seda largos que actúan como cuerdas de trampa si la presa entra en contacto con ellos. Cuando la araña percibe las vibraciones de una cuerda de trampa, sale corriendo de su refugio y rodea a la presa mientras la cubre con un manto de finas hebras de seda. A continuación, muerde a la presa y se la lleva a su refugio para alimentarse.

CESTO DE HORMIGAS

La araña australiana *Saccodomus formivorous* (Thomisidae) resulta inusual no solo por lo que come, sino también por el modo en que captura a sus presas. Esta araña se alimenta de hormigas, a las que atrapa con un cesto parecido a una olla para langostas. Aunque tiene un diámetro de 11 mm y una longitud de 14 mm, se trata de una estructura rígida (a diferencia de una telaraña). La araña golpea la cesta con las patas para atraer a las hormigas a su interior y después les inyecta veneno rápidamente. Los investigadores han descubierto que el cesto siempre contiene un saco de huevos de una seda similar a la que usan las arañas para envolver sus huevos. Esta araña emplea esa seda no solo para proteger sus huevos, sino también para fabricar una elaborada trampa para hormigas.

~ La araña de la voltereta ~

Utilizando cámaras de alta velocidad, los investigadores filmaron lo que hace una araña cazadora de hormigas cuando lanza un ataque. Sucede con tal rapidez que resulta imposible verlo sin ralentizar la acción. Cuando la hormiga está lo bastante cerca, la araña se lanza al aire y, a una velocidad de 25 cm por segundo, da una voltereta arrastrando tras de sí un hilo de seda pegajosa. La araña afianza ese hilo a la hormiga antes de quedar colgada libremente mientras sigue sujeta a la seda. Estas acrobacias tienen lugar en una décima de segundo, aproximadamente. La araña vuelve a trepar hacia la hormiga y la cubre con más seda pegajosa antes de inyectarle veneno y llevársela para alimentarse. ¡La aniquiladora de hormigas acrobática podría servir de inspiración para un superhéroe parecido a una araña!

→ Una hormiga tejedora (*Oecophylla smaragdina*) en una pose agresiva con sus afiladas mandíbulas abiertas.

TELARAÑAS DE ESPERMA Y HUEVOS

Las arañas poseen un par de palpos, unos apéndices cortos parecidos a patas que se encuentran a cada lado de los quelíceros. Machos y hembras los utilizan como órganos sensoriales y para sujetar a sus presas. En los machos están modificados para contener y transferir el esperma al interior del epigino (abertura genital) de la hembra.

CARGAR LOS PALPOS

Aunque los machos producen esperma en el abdomen, no existe una ruta interna para que el esperma vaya desde este lugar hasta los palpos. En vez de eso, los machos fabrican una red espermática de seda que se utiliza para retener temporalmente el esperma segregado antes de que se introduzca en los palpos. Algunos machos poseen palpos similares a los de las hembras; otros parecen guantes de boxeo en miniatura. Una vez que los machos

PROTECCIÓN DE LA PATERNIDAD

Las arañas macho han desarrollado estrategias para intentar asegurarse de que serán el único padre de la descendencia de la hembra con la que acaban de aparearse. Quieren cerciorarse de que será su esperma el que fecunde los óvulos de la hembra. Una de las estrategias más extremas debe ser la de los machos de *Nephila komaci* (Araneidae). Tras el apareamiento, en el que transfieren su esperma a las dos aberturas genitales de la hembra, los machos rompen sus dos palpos y los dejan dentro de la hembra a modo de barrera física para que otros machos no puedan aparearse. Los machos eunucos, que viven un año, protegen después a la hembra de los intentos de otros machos.

mudan por última vez y son adultos, transfieren el esperma a sus palpos. Con los palpos cargados, la conducta de la araña macho cambia: es posible que deje de alimentarse y que opte por ir en busca de hembras. Mientras que la mayoría de las hembras viven uno o dos años, muchos machos adultos viven tan solo unas pocas semanas.

FECUNDACIÓN DE LOS HUEVOS

Las hembras producen huevos en su abdomen, y varios conductos conectan los huevos con la abertura genital de la hembra. Durante el apareamiento, el palpo del macho se encaja dentro de la hembra como una cerradura y una llave. La mayoría de los machos solo pueden transferir esperma a hembras de su misma especie.

ALMACENAMIENTO DEL ESPERMA

El esperma se almacena dentro de la hembra en unas cavidades especiales llamadas espermatecas. Cuando la araña está lista para poner huevos, el esperma que se había reservado se utiliza para fecundarlos.

← Un macho de la araña saltadora, *Cosmophasis umbratica* (Salticidae), de Singapur, corteja a una hembra mostrando sus vistosos pedipalpos amarillos y con movimientos de baile.

CORTEJO CON Y SIN REGALOS

El cortejo de las arañas puede ser complicado, ya que son depredadoras y lo habitual es que interactúen con sus presas, no con las parejas potenciales. Aunque la mayoría de las arañas hembra son más grandes que los machos, ambos sexos se canibalizarán mutuamente. Machos y hembras deben estar en guardia y andar con cuidado en el juego del apareamiento.

Dado que las distintas arañas perciben el mundo con sentidos diferentes, las señales de cortejo se envían de maneras muy diversas. Lo habitual es que empiecen los machos. La mayoría de las arañas tejedoras de telarañas no tienen buena vista, y los machos realizan el cortejo arrancando la telaraña para comunicar sus intenciones a las hembras. Las arañas saltadoras poseen una vista excelente y los machos ejecutan elaboradas danzas para las hembras. La araña lobo tiene una vista razonable y los machos agitan las patas ante las hembras y tamborilean con los palpos en el suelo. Las hembras suelen preferir a los que realizan los movimientos más rápidos. Las exhibiciones identifican al macho como una pareja potencial más que como una comida, aunque ambos resultados son posibles.

BAILARÍN COLORIDO

Es posible que las exhibiciones de cortejo más vistosas sean las de las diminutas arañas saltadoras de Australia (2-6 mm), unas 50 especies de *Maratus* (Salticidae). Se conocen como arañas pavo real. Mientras que las hembras son de color marrón, el tercer par de patas de los machos es alargado y está cubierto con mechones de pelo blanco. Muchos machos cuentan con aletas en forma de abanico en el abdomen, de modo que pueden ensancharlo y convertirlo en un lienzo de cortejo de colores llamativos. Al agitar el abdomen y las patas mientras realizan un baile, los machos intentan convencer a las hembras de que serían unos padres buenos.

PRETENDIENTE SIBILINO

En Queensland (Australia) existe una especie de araña saltadora —del género *Euryattus* (Salticidae)— cuya hembra establece su hogar dentro de una hoja enrollada colgada de hilos de seda. *Euryattus* macho bajan por la seda y cortejan a la hembra agitando la hoja con señales vibratorias. Si la hembra sale y se muestra dispuesta, el macho bailará para ella. *Portia fimbriata* (Salticidae) es una araña saltadora que caza a otras arañas. El macho se sube a la hoja de la hembra e imita la exhibición vibratoria de cortejo del macho de *Euryattus* para lograr que la hembra salga de su hoja y poder comérsela.

Las feromonas presentes en la seda de la hembra de la araña lobo de Bellamy *Gladicosa bellamyi* (Lycosidae) pueden indicar al macho si le conviene intentar cortejarla. Le comunican si ella se ha apareado antes o no y, lo que es más importante, si ha canibalizado a pretendientes anteriores. No es de extrañar que los machos eviten cortejar a las hembras caníbales.

REGALOS

Ya sean rasgueadores, tamborileros o bailarines, los machos también demuestran su valía como pretendientes regalando a la hembra el equivalente en insectos a una caja de bombones: el regalo perfecto podría ser un insecto envuelto en seda.

~ Regalos engañosos ~

Algunos machos mordisquean parte del regalo y entregan a la hembra una «caja de bombones» de insectos parcialmente devorada. Otros machos, que no han podido capturar al insecto de regalo, ofrecen a la hembra una hoja envuelta en seda. El siguiente nivel de engaño consiste en entregar a la hembra un envoltorio de seda vacío. Cuando ella se da cuenta de que la han engañado, el macho ya se ha apareado y se ha marchado.

↓ Un macho de araña ladrona, *Pisaura mirabilis* (Pisauridae), lleva un regalo sin valor en un intento de engañar a la hembra a la que pretende cortejar.

MACHOS ENFRENTADOS

Cuando se enzarzan en una pelea, los dos machos se estudian detenidamente antes de cerrar los colmillos y empujarse. Aunque resulta sencillo imaginar que se trata de una pelea entre elefantes, en realidad es una contienda entre dos arañas saltadoras con colmillos.

ARAÑAS CON COLMILLOS

Con una longitud corporal de unos 5 mm, la diminuta araña saltadora *Thorelliola ensifera* (Salticidae) es común en las selvas tropicales del sudeste asiático. Justo debajo de los dos grandes ojos orientados hacia delante, comunes a todas las arañas saltadoras, los machos tienen dos colmillos curvados (de unos 0,5 mm de longitud) que se extienden horizontalmente desde la cara de la araña. En realidad son pelos agrandados, que también

MORIR POR UNA PELEA

Aunque las arañas macho suelen competir por aparearse con las hembras, resulta mucho menos frecuente que las hembras compitan entre sí. En el caso de la araña saltadora común de Norteamérica *Phidippus clarus* (Salticidae), no es raro que dos hembras se peleen hasta que una resulte gravemente herida o muera. Pero la hembra más grande o más fuerte no es la que suele ganar. Y tampoco es probable que gane una hembra que defienda su nido de seda dentro de una hoja enrollada. Son las hembras a punto de mudar a la madurez sexual, que carecen de nido, las que luchan a muerte por un recurso necesario para su supervivencia.

se encuentran en las hembras, aunque mucho más pequeños y parecidos a los que cubren el cuerpo de la araña. Otra diferencia es que los quelíceros de las hembras son convexos (curvados hacia fuera), mientras que los de los machos son cóncavos (curvados hacia dentro).

~ Competiciones de fuerza ~

Cuando los pequeños colmillos se encuentran cara a cara, el macho más pequeño suele huir. Solo cuando los dos machos tienen el mismo tamaño, se acercan y cierran los colmillos durante unos segundos. El desenlace más habitual es que uno de los machos acabe soltando los colmillos y huyendo.

~ Machos al ataque ~

En ocasiones, si la lucha de fuerza no tiene un desenlace rápido, la pelea se intensifica y los machos cargan el uno contra el otro, cerrando colmillos y mandíbulas y empujándose con las patas delanteras estiradas. El enfrentamiento se resuelve cuando uno de los machos huye. El vencedor podría ser un buen pretendiente para las hembras que estén cerca.

← Los colmillos curvados hacia afuera de la araña saltadora *Thorelliola ensifera* se utilizan en competiciones de fuerza con machos rivales. Solo los machos del mismo tamaño compiten de este modo.

LAS HEMBRAS EXAMINAN A LOS MACHOS

Como las hembras de la mayoría de las especies, las arañas hembra se involucran mucho más en la reproducción que los machos. La mayoría de las arañas hembra son más grandes que muchos de los machos y necesitan comer más a fin de disponer de suficientes reservas de nutrientes para producir huevos. Después de poner los huevos, las hembras presentan diferentes grados de implicación en la protección y la alimentación de sus crías. Los machos solo participan en el desarrollo de la descendencia apareándose con las hembras que utilizan su esperma para fecundar los huevos. No es de extrañar que muchas hembras deseen conocer la aptitud genética del macho que engendrará a su descendencia.

MACHOS BAILARINES

Las hembras pueden elegir a los machos en función de lo elaborado que sea su comportamiento de cortejo. Muchos machos de araña saltadora presentan colores vistosos e impresionantes movimientos de baile. Se trata de demostrar a las hembras que son una buena inversión y que, al compartir sus genes, en la siguiente generación producirán machos que sabrán ejecutar movimientos de baile impresionantes y hembras que realizarán buenas elecciones.

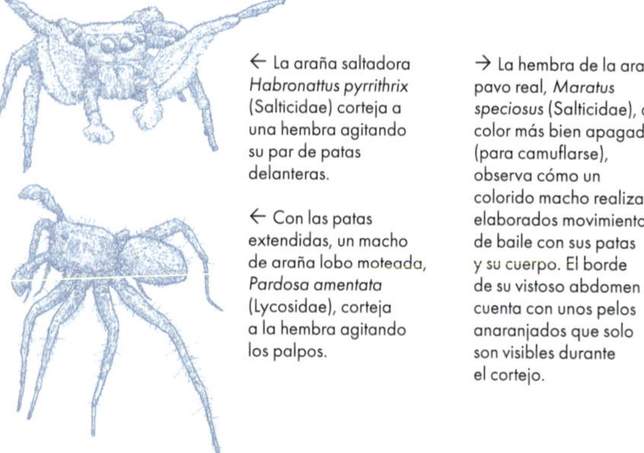

← La araña saltadora *Habronattus pyrrithrix* (Salticidae) corteja a una hembra agitando su par de patas delanteras.

← Con las patas extendidas, un macho de araña lobo moteada, *Pardosa amentata* (Lycosidae), corteja a la hembra agitando los palpos.

→ La hembra de la araña pavo real, *Maratus speciosus* (Salticidae), de color más bien apagado (para camuflarse), observa cómo un colorido macho realiza elaborados movimientos de baile con sus patas y su cuerpo. El borde de su vistoso abdomen cuenta con unos pelos anaranjados que solo son visibles durante el cortejo.

APAREAMIENTO CON CANÍBALES

El apareamiento con caníbales es la imagen generalizada que tenemos de la vida reproductiva de las arañas. Probablemente la araña caníbal más conocida sea la viuda negra, *Latrodectus mactans* (Theridiidae), aunque las hembras solo matan y rara vez se comen a los machos después del apareamiento. El mito podría haber surgido porque machos y hembras se mantenían a menudo en jaulas de las que los machos no podían escapar, por lo que se convertían en presas. En la naturaleza, los machos casi siempre viven y vuelven a aparearse.

HEMBRAS CANÍBALES

La hembra de la viuda negra australiana, *Latrodectus hasselti* (Theridiidae), canibaliza a más del 60 por ciento de los machos durante el apareamiento. La hembra cuenta con dos aberturas genitales que conducen a órganos separados de almacenamiento de esperma. Durante el apareamiento, el macho introduce su palpo en una de las aberturas y transfiere el esperma. También enrosca el extremo posterior de su abdomen en los colmillos de la hembra, que comienza a alimentarse del macho. Este es mucho más pequeño que la hembra. Para garantizar que engendrará a toda o la mayor parte de su descendencia, el macho también necesita introducir su segundo palpo en la segunda abertura genital de la hembra.

UN ÉXITO ESPANTOSO

Para una diminuta araña de tela orbital macho, que solo pesa el 1 por ciento de la hembra, el apareamiento resulta violento y fatal, pero no tiene nada que ver con el comportamiento de la hembra. Antes de cortejarla, el macho se amputa y desecha uno de sus dos palpos portadores de esperma. Cuando el macho encuentra a una hembra dispuesta a aparearse, introduce su otro palpo en el epigino de la hembra y muere. Su corazón se detiene, pero la presión hidráulica de su cuerpo se centra en transferir el esperma a la hembra. Ella, a continuación, se come el pequeño bocado.

SILENCIO MORTAL

Para algunos machos de araña pescadora de seis manchas (*Dolomedes triton*; Pisauridae) de Norteamérica, el cortejo de las hembras apareadas conduce a un silencio absoluto. Los machos condenados que detectan a una hembra cercana inician el cortejo enviando señales vibratorias a través de la superficie del agua. Cuando no hay respuesta, se acercan a la hembra esperando que reaccionen. La hembra silenciosa se abalanza, agarra y se come al macho, cuyas señales de cortejo no conducen al resultado esperado.

Por supuesto, el macho solo puede hacerlo si sigue vivo. Sin embargo, las probabilidades no parecen buenas porque se lo está comiendo y todavía necesita transferir esperma de su segundo palpo. Si no lo consigue, el siguiente macho que se aparee con la hembra transferirá su propio esperma al segundo órgano de almacenamiento de la hembra. Esto significa que el primer macho solo engendrará la mitad de su descendencia. No obstante, los machos hacen algo extraordinario con sus abdómenes mientras cortejan a las hembras. Contraen los músculos y los abdómenes de modo que la parte que es devorada por la hembra queda sellada con respecto al resto del cuerpo. Así, el macho dispone de tiempo suficiente para transferir el esperma del segundo palpo a la hembra antes de morir y ser devorado. Por muy horripilante que resulte, significa que el macho será el padre de la descendencia de la hembra. En especies de *Latrodectus* estrechamente relacionadas, donde el riesgo de canibalismo sexual es bajo, los machos no contraen el abdomen.

↓ El apareamiento con la hembra caníbal de la viuda negra australiana, *Latrodectus hasselti*, puede ser una experiencia decisiva para los machos.

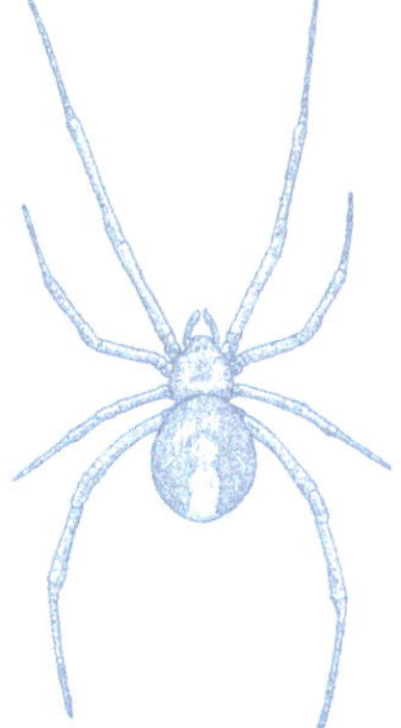

INSTINTO MATERNAL

Muchas arañas hembra no dispensan cuidados maternales más allá de poner los huevos en un saco protector. Otras permanecen para proteger y alimentar a sus crías hasta que sean autosuficientes. Algunas arañas macho se dejan comer por la hembra. Después del apareamiento, se convierten en un regalo nutritivo para colaborar en el desarrollo de las crías que han engendrado. De forma similar, algunas arañas hembra son la última comida de sus crías antes de abandonar el nido.

ALIMENTAR A LAS CRÍAS

La araña cangrejo australiana, *Australomisidia ergandros* (Thomisidae), pone una sola nidada de huevos fecundados. La hembra guarda una segunda nidada de huevos no fecundados en el interior de su cuerpo, la convierte en hemolinfa y sus crías empiezan a alimentarse de ella (matrifagia). Durante unas cuantas semanas, el cuerpo de la madre mengua a medida que las crías crecen. Las hembras canibalizadas de mayor tamaño producen crías más grandes y numerosas, ya que existe menos canibalismo entre hermanos que en el caso de las que se alimentan de una hembra más pequeña.

↓ Una hembra de araña de telaraña de vivero, *Pisaurina mira* (Pisauridae), protege su saco de huevos sujetándolo con los quelíceros.

↓ Las crías de la araña del desierto, *Stegodyphus lineatus* (Eresidae), se reúnen alrededor de la boca de su madre para alimentarse de su regurgitación.

→ Una hembra de araña lobo (Lycosidae) con un centenar de crías sobre su abdomen. La hembra transporta su saco de huevos y, cuando estos eclosionan, las crías se suben a su espalda y se agarran unas a otras y a los pelos de su abdomen.

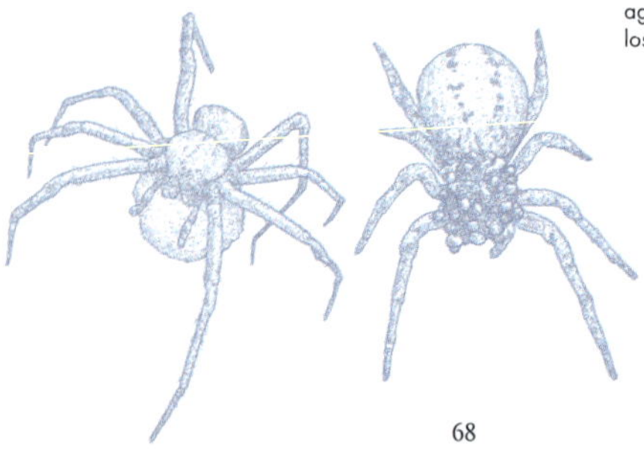

JERINGUILLAS ARÁCNIDAS

Casi todas las arañas producen veneno y se lo inyectan a sus presas a través de un par de colmillos para paralizarlas. Cada una de las dos glándulas de veneno tiene un conducto que, desde la glándula, desciende hasta el conducto de los colmillos. Cuando los músculos que rodean a la glándula se contraen, el veneno sale de esta y se desplaza hacia abajo y fuera del conducto de los colmillos. Las arañas pueden controlar la cantidad de veneno que inyectan a sus presas con la contracción de la glándula. Si la inyección inicial no somete a la presa, la araña inyecta más veneno.

CÓMO SE CLAVAN LOS COLMILLOS

Los colmillos se encuentran en la parte inferior de los segmentos basales de los quelíceros, que ayudan a la araña a pinchar a la presa. En el interior de esos segmentos, unos músculos abren y cierran los colmillos.

COLMILLOS CURVADOS

Los colmillos no son solo las jeringuillas de la araña para inyectar el veneno a sus presas. Además, tienen que ser lo bastante fuertes para atravesar la cutícula acorazada del insecto presa antes de inyectarle su veneno. Su estructura cónica curvada, más gruesa en la base que en la punta y con un conducto hueco, resulta ideal para pinchar a la presa y no romperse. A diferencia de las jeringuillas médicas, en las que el fluido sale por la punta, el conducto de apertura por donde se «exprime» el veneno está cerca del extremo de los colmillos de la araña y no en la punta. Esto hace que el colmillo sea mecánicamente más fuerte y menos propenso a obstruirse con partes de la presa cuando se inyecta el veneno.

LAS GLÁNDULAS VENENOSAS DE LA TARÁNTULA

En la mayoría de las arañas, las glándulas venenosas se sitúan en parte en los segmentos basales de los quelíceros y se extienden hacia el cefalotórax. Sorprendentemente, las tarántulas poseen unas glándulas venenosas más o menos pequeñas que caben por completo en el segmento basal de los quelíceros.

LAS GLÁNDULAS DE LA ARAÑA ESCUPIDORA

Las arañas escupidoras tienen unas enormes glándulas venenosas que pueden ocupar casi todo el cefalotórax. Las glándulas cuentan con dos lóbulos; la parte delantera contiene veneno, y el lóbulo trasero, pegamento y seda líquida (*véase* Escupir seda, página 49).

← Un macho de araña trampilla *Cantuaria dendyi* (Idiopidae) de Nueva Zelanda se encabrita, levanta los palpos y muestra sus grandes colmillos.

UN EXPERIMENTO DOLOROSO

En noviembre de 1933, el doctor Allan Walker Blair, médico de la Universidad de Alabama, se dejó morder en un dedo por una hembra de araña viuda negra. No se acababa de creer que una araña tan pequeña pudiese causar los graves síntomas de los que informaban los pacientes. Tras dos horas anotando síntomas cada vez más alarmantes, el desafortunado médico no pudo seguir escribiendo y su ayudante tomó el relevo. Pronto fue trasladado al hospital y durante los días siguientes sufrió toda una serie de síntomas. Temía volverse loco y le administraron morfina.

CURADO

El médico que lo trató afirmó: «No recuerdo haber visto un dolor más abyecto manifestado en ninguna otra afección médica o quirúrgica». El doctor Blair concluyó en un informe sobre su experimento: «El veneno inyectado por la picadura de la araña hembra adulta *Latrodectus mactans* es peligrosamente venenoso para el hombre». Tanto el médico como su incredulidad se curaron.

↓ Dejarse morder en un dedo por una hembra de araña viuda negra, *Latrodectus mactans* (Theridiidae), no es una buena idea.

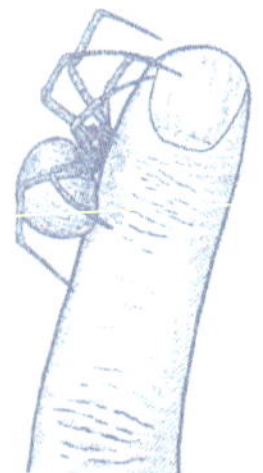

↓ El rostro de una viuda negra hembra mostrando sus colmillos.

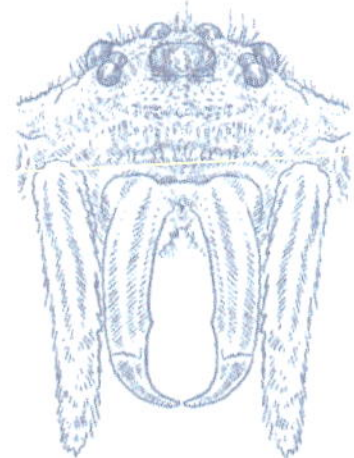

→ Se ha demostrado que la marca roja en forma de reloj de arena en la parte inferior del abdomen de las hembras de araña viuda negra, *L. mactans* (Theridiidae), sirve como advertencia para que las aves no la ataquen. Resulta menos evidente para los insectos presa.

PARADA EN SECO

Las arañas son los principales depredadores de insectos, y han evolucionado todo un arsenal de estrategias para capturarlos e inmovilizarlos. Parte de su éxito reside en la evolución de la seda y el veneno. Aunque utilizan diversas telarañas para atrapar a sus presas, el uso del veneno es lo que permite a las arañas paralizar o matar a presas de su tamaño o mucho mayores (incluidos, en ocasiones, animales como pájaros, murciélagos y serpientes).

VENENOS COMPLEJOS

Casi todos los venenos de araña constituyen una mezcla compleja de diferentes sustancias químicas, entre ellas neurotoxinas, que actúan conjuntamente para interferir en el sistema nervioso (y, por extensión, en el muscular) de la presa.

EL POTENTE VENENO DE *PORTIA*

El género *Portia* está constituido por arañas saltadoras especializadas en cazar a otras arañas, incluidas otras especies saltadoras. Han desarrollado un veneno que parece actuar con especial rapidez cuando se inyecta en otra araña. Dado que *Portia* caza a otro depredador que podría atacarla y matarla, parece lógico que la presa sea sometida rápidamente. Si *Portia* inyecta veneno a otra araña de su tamaño, la presa se tambalea un momento y queda paralizada en un intervalo de entre 10 y 30 segundos. Las presas del doble del tamaño de *Portia* tardan entre 15 y 30 minutos en sucumbir al veneno antes de que la araña se acerque a ellas.

~ Neurotoxinas ~

La mayoría de las arañas poseen entre 10 y 30 neurotoxinas distintas porque capturan una gran variedad de insectos. Una neurotoxina que paraliza a un tipo de insecto puede no ser eficaz con otras presas. Por ello, las arañas han desarrollado numerosas herramientas diferentes para disfrutar de una dieta variada. Una vez extraído el veneno de las glándulas venenosas e inyectado en el cuerpo de la presa, las neurotoxinas del veneno pueden impedir que los nervios envíen señales a los músculos y que estos se contraigan, lo que paraliza a la presa y evita que huya.

~ Enzimas en el veneno ~

Otros componentes del veneno de las arañas son las enzimas, distintas a las que secreta el intestino medio para la digestión. Las enzimas del veneno descomponen algunos tejidos, incluido el tejido conjuntivo, lo que permite que el veneno penetre en el cuerpo de la presa más allá del punto donde se inyecta.

← Una araña cangrejo de las flores, *Misumena vatia* (Thomisidae), se come una abeja que ha quedado atrapada al posarse en una margarita.

PERSONAS Y VENENOS

Las arañas y las serpientes figuran entre los animales más temidos por las personas. Se calcula que alrededor del 4 por ciento de las personas padecen aracnofobia, en la que su miedo supera con creces al riesgo real que suponen las arañas, y que puede interferir en su vida cotidiana. El temor o la aversión a las arañas persiste incluso en lugares sin arañas peligrosas. Afortunadamente, existen diversos tratamientos para las personas con aracnofobia.

ARAÑAS QUE PICAN

Se calcula que en todo el mundo mueren unas cinco personas al año por la picadura de una araña. En comparación, entre 60 000 y 100 000 personas mueren cada año por mordeduras de serpiente, la mayoría en el subcontinente indio. Aunque la araña errante brasileña (*Phoneutria*) y la araña australiana de tela en embudo (*Atracidae*) pueden ser agresivas, la mayoría de las arañas no pican a las personas. ¿Por qué iban a hacerlo? No somos presas para ellas y evitan a los mamíferos grandes y cálidos. El escenario más probable en el que una araña picará a una persona es el que se produce cuando las aplastamos accidentalmente contra nuestro cuerpo y tienen

EL MITO DE LA ARAÑA DEL SÓTANO

Uno de los mitos más comunes tiene que ver con una especie de amplia distribución: la araña del desván, *Pholcus phalangioides*, también conocida como araña de patas largas. El mito sugiere que el veneno de esta araña sería mortal para las personas si sus pequeñísimos colmillos pudiesen penetrar en nuestra piel para inyectarnos su cóctel mortal. Los estudios sobre el veneno han demostrado que no es peligroso para las personas. El mito podría haber surgido porque la araña de patas largas es conocida por atrapar y comerse a otras arañas, incluida la viuda negra. Se ha asumido que su veneno debe ser muy potente para los humanos si es capaz de matar a una viuda negra, pero es un mito urbano.

ARAÑA DE TELA EN EMBUDO

Existen unas 35 especies de arañas australianas de tela en embudo, y se sabe que seis de ellas producen un veneno que puede provocar síntomas potencialmente mortales si la araña se lo inyecta a una persona. El veneno es neurotóxico y puede paralizar a la víctima, que pierde la capacidad de respirar. En un período de cien años, hasta principios de la década de 1980, se registraron unas 12 muertes por el veneno de esta araña. Desde 1981 se dispone de un antídoto y no se ha registrado ninguna muerte. Aunque el veneno puede ser tambien peligroso para otros primates, no afecta a gatos, perros y conejos. Las arañas macho tienen el veneno más peligroso y pueden ser agresivas durante la época de apareamiento.

unos colmillos lo bastante grandes como para penetrar en nuestra piel. El animal no humano más peligroso de la Tierra es el mosquito: las enfermedades que transmite matan a unas 725 000 personas cada año. A diferencia de las arañas, los mosquitos buscan y pican a las personas deliberadamente.

~ Arañas peligrosas ~

Aunque muchas arañas pueden picar y provocar diversos síntomas no letales, de las más de 60 000 especies diferentes de arañas que se calcula que existen, solo unas pocas tienen veneno que podría ser letal para las personas. En Estados Unidos, la picadura de la hembra de la araña viuda negra, *Latrodectus mactans*, fue mortal en el pasado, pero gracias a un antídoto no se producen muertes desde 1983. De forma similar, existe un antídoto para la picadura potencialmente peligrosa de la araña errante brasileña y la araña australiana de tela en embudo.

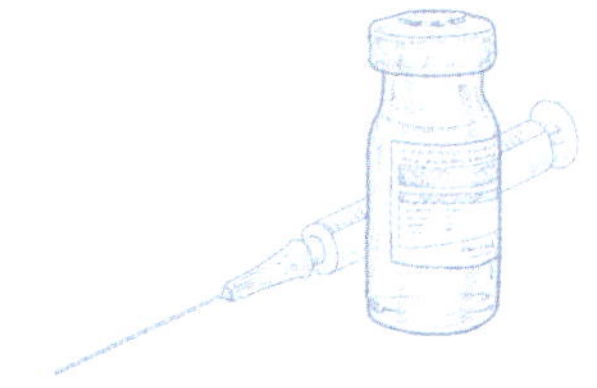

→ El desarrollo de los antídotos para las picaduras de arañas ha hecho que la posibilidad de morir por esta causa sea muy improbable.

UNA PRESA INUSUAL

Aunque las arañas suelen considerarse depredadoras que usan veneno para capturar insectos y otras arañas, también se hacen con algunas presas inesperadas. Probablemente, la presa invertebrada (animales sin columna vertebral) más inusual y de mayor tamaño que se ha visto que se comía una araña fue una lombriz de tierra de 1 m. Fue capturada por una de las mayores tarántulas, *Theraphosa blondi* (Theraphosidae), la tarántula Goliat devoradora de aves, conocida por comer lombrices con mucha mayor frecuencia que pájaros. Esta tarántula podría ostentar también el récord de haber capturado y devorado al vertebrado (animal con columna vertebral) más grande, un sapo de caña, cuyo cuerpo es tres veces más largo que el de la araña.

Existen numerosos registros de arañas que han capturado serpientes, ranas y lagartos. Sin embargo, la pegajosidad de sus telarañas y la potencia del veneno de las arañas viuda les permiten hacerse con serpientes (*véase* a continuación) y pequeños mamíferos como ratones y ratas. Se han visto arañas con grandes telarañas orbitales, como varias especies de *Nephila*, capturando pequeños pájaros y murciélagos. La presa se enreda en los hilos pegajosos de la telaraña antes de recibir la inyección de veneno.

ARAÑA SALTADORA QUE COME RANAS Y LAGARTOS

Phidippus regius (Salticidae) es una de las arañas saltadoras más grandes. Las hembras pueden tener una longitud corporal, incluidas las patas, de hasta 22 mm. Como todas las arañas saltadoras, posee una vista excelente. Vive en el sureste de Estados Unidos, y es común en Florida. Aunque la mayoría se alimenta de insectos y otras arañas, esta especie ha añadido a su menú lagartos abaniquillos y ranas arbóreas. La mayoría de las arañas se alimentan de manera oportunista, y esta especie parece suficientemente grande para capturar presas inusuales que la mayoría de las arañas saltadoras no serían capaces de capturar.

LA ARAÑA VIUDA NEGRA COME SERPIENTES

La araña viuda negra, *Latrodectus mactans*, es probablemente la araña venenosa más conocida en Estados Unidos porque su veneno puede ser peligroso para las personas. Además, ese mismo veneno es también muy tóxico para otro grupo de vertebrados: las serpientes. La araña viuda negra y otras arañas viuda pertenecen a un grupo (Theridiidae) comúnmente conocido como arañas de tela enmarañada. Sus telarañas son muy resistentes y cuentan con hilos pegajosos adheridos al suelo. A las serpientes que quedan atrapadas les inyectan veneno antes de subirlas a la tela y comérselas. Con una tela fuerte y pegajosa y un veneno potente, las arañas viuda pueden atrapar serpientes de hasta treinta veces su tamaño.

→ Este lagarto atrapado en la tela de una viuda negra australiana, *Latrodectus hasselti* (*Theridiidae*), pronto se convertirá en presa.

PESCA EN ESTANQUES

En Sídney (Australia) se vio a una araña pescadora arrastrando a un pez dorado de 9 cm de longitud fuera de un estanque de jardín. La araña sería mucho más pequeña que el pez. En Sudáfrica se observó a una araña pescadora sacando de un estanque de jardín a un pez dorado llamado Cleo que le doblaba el tamaño. *Dolomedes triton* es una araña pescadora común en Norteamérica. Aunque se la conoce por capturar peces en lagos y arroyos, también se ha observado sacando de estanques de jardín peces mosquito de más del doble de su longitud.

VENENO QUE DISUELVE LA CARNE

La araña viuda negra, *Latrodectus mactans* (Theridiidae), y la araña reclusa parda, *Loxosceles reclusa* (Sicariidae), probablemente sean las arañas más temidas en Estados Unidos, aunque las picaduras de ambas son raras. El veneno de la reclusa parda contiene enzimas que pueden causar lesiones necróticas en la piel. Como sugiere su nombre común, esta araña es solitaria y rara vez muerde a las personas. Una infección bacteriana resistente a los antibióticos (*Staphylococcus aureus* resistente a la meticilina o SARM) es la causa más probable de las lesiones cutáneas que se cree que provoca la reclusa parda. Los diagnósticos erróneos son frecuentes, incluso en regiones donde no vive la araña.

LA RECLUSA PARDA EN CASA

En 2001 se encontraron más de 2000 arañas reclusas pardas viviendo en una casa, que compartieron con cuatro personas durante muchos años, en Kansas. Las personas que residían en la casa las veían a menudo y no sabían que eran arañas reclusas pardas. Nunca picaron a nadie.

↓ A la araña reclusa parda, *Loxosceles reclusa*, también se la conoce como araña violín por las marcas en forma de violín que tiene en el cefalotórax.

↓ Esta araña reclusa parda ha atrapado a un gusano cogollero del maíz (*Spodoptera frugiperda*).

→ Con la esperanza de ser elegido como pareja, un macho de araña reclusa parda, *L. reclusa*, se acerca a una hembra atraído por las señales químicas que ella ha depositado en su seda. Cuando se acerca a ella, realiza exhibiciones vibratorias para no convertirse en su presa.

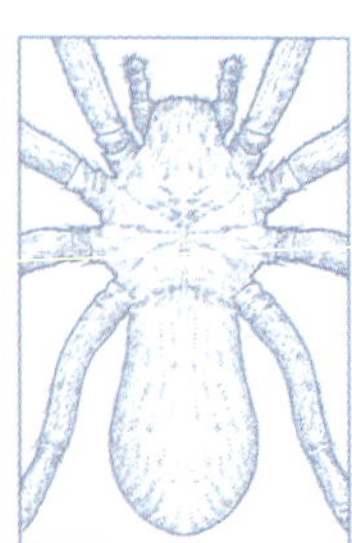

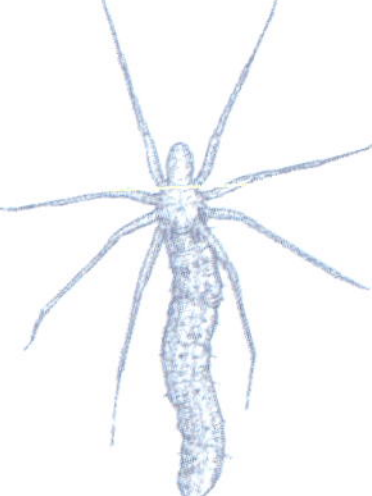

TELARAÑA DE CUENCO Y TAPETE

Las telarañas más conocidas son las orbitales verticales en forma de rueda de carro, pero algunas arañas construyen telarañas horizontales en forma de hoja, y una de las más inusuales es muy común en América Central y del Norte. La araña de cuenco y tapete, *Frontinella pyramitela* (Linyphiidae), recibe este nombre porque parte de su tela se asemeja a un cuenco y parece flotar sobre una telaraña de hoja plana que se parece a un tapete de encaje.

PRESA QUE SE TAMBALEA

El cuenco se halla suspendido de numerosos hilos colgantes y el tapete está sujeto por seda adherida a la vegetación. La tela no es pegajosa, pero los pequeños insectos voladores que chocan con los hilos colgantes caen al cuenco. La araña cuelga boca abajo por debajo del cuenco, tira de sus víctimas a través de la seda y les inyecta veneno. Se cree que la parte del tapete de la telaraña actúa como una barrera de seda para los depredadores que, de otro modo, podrían atacar fácilmente a la diminuta araña.

↓ Cuando una presa, como la mosca del mantillo (derecha), golpea la telaraña de cuenco y tapete de *Frontinella pyramitela* (izquierda), cae sobre el cuenco y la araña que la espera.

→ Al fondo, una hembra de la araña de cuenco y tapete, *F. pyramitela*, añade seda a su tela horizontal (tapete) bajo la tela principal en forma de cuenco invertido. La hembra en primer plano busca un sitio adecuado para tejer su tela.

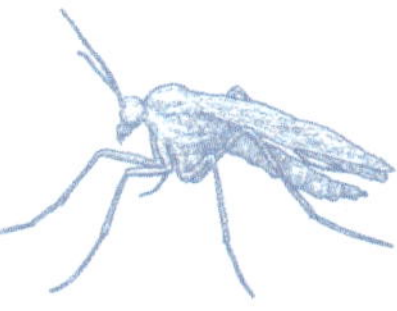

MURO DE TELARAÑAS

En el Jardín Botánico Nacional de Entebbe (Uganda), cerca del lago Victoria, las hembras de las arañas seda de oro (género *Nephila*; Araneidae), del tamaño de una mano y con telarañas de 1 m de diámetro, atrapan a numerosos insectos voladores. Se conocen con ese nombre porque la resistente seda que utilizan en sus telas es de color dorado. Lo que distingue a este grupo de arañas y sus telas es el hecho de que alrededor de 50 ejemplares han construido telarañas conectadas que se han convertido en un muro de telarañas orbitales de unos 10 m, la altura de un edificio de dos plantas. Dado que el lago cercano proporciona nutrientes a un gran número de insectos voladores, a las arañas nunca les falta sustento, porque su enorme filtro aéreo atrapa a las presas.

Además de cazar insectos en sus propias telarañas, las arañas seda de oro también se desplazan a telarañas cercanas tras captar las vibraciones en la seda de las presas atrapadas. Aunque suelen ser depredadoras solitarias y agresivas con los intrusos, toleran que sus vecinas se adentren en sus telarañas porque no tienen que competir por el alimento.

MILLONES DE PARTICIPANTES

En el siglo XIX, una especie de araña seda de oro de Madagascar, *Trichonephila inaurata* (Araneidae), fue «ordeñada» por su seda para confeccionar tejidos. En el siglo XXI, dos expertos textiles, ochenta adiestradores de arañas y unos dos millones de arañas seda de oro de las tierras altas de Madagascar participaron en un proyecto que pretendía utilizar técnicas del siglo XIX para extraer seda de araña con el fin de producir tela para tejer diferentes prendas. Dado que se necesita la seda de unas 23000 arañas para producir 28 g de seda, aproximadamente, se trataba de un proyecto que requería millones de participantes.

LA SEDA COMO TEJIDO

Los adiestradores de arañas malgaches que trabajaron en el proyecto de la seda en Madagascar recogían las arañas de las telarañas sujetas a postes telefónicos y las llevaban a la fábrica. Allí eran «ordeñadas» con cuidado para extraerles la seda con un aparato parecido a una ordeñadora de seda del siglo XIX. A continuación, las arañas se devolvían al lugar donde se habían recogido y pronto volvían a producir seda. Con la seda recogida a lo largo de varios años se elaboró por primera vez una tela de seda dorada de 3,4 x 1,2 m. Entre otras creaciones figuraron una capa y algunos chales. La capa está cubierta de efigies tejidas de arañas seda de oro, un acertado homenaje a estas hilanderas.

MACHOS DIMINUTOS

Los machos maduros de *Nephila* pesan alrededor del 10 por ciento de las hembras maduras, que pueden pesar más de 6 g (más que muchos colibríes). El hecho de ser diminuto en comparación con las enormes hembras conlleva riesgos para muchos machos. Cuando los machos maduran, no pueden hilar hilos pegajosos, por lo que roban presas de las telarañas de las hembras. Algunos acaban no como un pretendiente digno, sino como un aperitivo para la hembra.

↓ Un pequeño macho se acerca a una hembra de *Trichonephila inaurata* en su telaraña con la esperanza de ser un pretendiente digno.

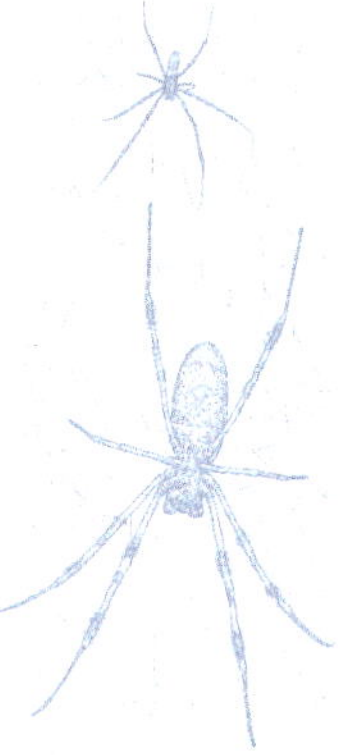

~ Falta de miembros ~

Varios machos compiten por la misma hembra en su telaraña, y muchos pierden miembros debido a los encuentros con hembras caníbales. Una estrategia que utilizan los machos para reducir las posibilidades de ser devorados por la hembra consiste en aparearse mientras ella está distraída envolviendo o alimentándose de una presa.

UNA TRAMPA APESTOSA PARA POLILLAS

Muchas polillas logran escapar de las telarañas orbitales. Si caen en una telaraña, de sus cuerpos y sus alas se desprenden pequeñas escamas que se adhieren a las gotas pegajosas de las hebras de seda de las telarañas, y huyen. Las pequeñas calvas en el cuerpo de la polilla sirven como testimonio de que ha sobrevivido a la caída en una telaraña orbital.

ARAÑAS BOLA

Un grupo de arañas orbitales de la familia Araneidae ha desarrollado una ingeniosa forma de atrapar polillas. Solo necesitan unas cuantas hebras de seda. Las arañas bola, principalmente las especies del género *Mastophora*, son comunes en Norteamérica. Una araña bola coloca una hebra de seda entre dos piezas de vegetación y se sujeta a ella con sus patas traseras. Con una de sus patas delanteras sostiene un hilo de seda que tiene una gotita pegajosa (o bola) en el extremo. Para tender la trampa, la araña también se hace atractiva para las polillas.

ENGAÑAR A LAS POLILLAS

La araña amarilla de jardín, *Argiope aurantia* (Araneidae), recibe este nombre porque es común en los jardines de Norteamérica y construye una gran telaraña orbital. También se sabe que ubica su tela cerca de una fuente de luz para atrapar insectos voladores que acuden atraídos por la luz. Un entomólogo observó que una araña de su porche había atrapado varios machos de polilla de gusano de roble, que solo vuelan de día. Vio cómo volaban desde cierta distancia hacia la telaraña. Al parecer, la araña produce una feromona que engaña a la polilla para que se comporte como si volara hacia una hembra y no hacia una araña taimada que caza de día y de noche con estrategias muy distintas.

↑ Araña bola, *Mastophora cornigera* (Araneidae), preparándose para cazar polillas mientras se sujeta de una telaraña con sus patas traseras.

~ Aroma de polilla ~

La araña secreta una feromona que imita el aroma producido por las polillas hembras para atraer a los machos. Si una polilla macho empieza a seguir el aroma, la araña captará las vibraciones de su aleteo a medida que se acerca. A continuación empezará a girar las bolas de seda con su pata delantera.

~ Final pegajoso ~

Las bolas no solo son muy elásticas; además, el centro es mucho más pegajoso que la parte exterior. Esto significa que si la polilla golpea las bolas, el exterior menos pegajoso puede deslizarse por las escamas removibles y el centro más pegajoso se pegará a la polilla: un final pegajoso para un macho amoroso atraído por un aroma fragante y fatídico.

TRAMPILLAS

La araña trampilla habita en madrigueras forradas de seda, coronadas con una trampilla con bisagra. La trampilla suele estar decorada con trocitos de vegetación que se encuentra cerca de la madriguera, lo que hace casi imposible ver que se trata de la abertura del hogar de una araña. Las hembras pasan toda su vida dentro de la madriguera.

ATRAPAR A LAS PRESAS

Por la noche, estas cazadoras nocturnas abren parcialmente la trampilla y sacan de la madriguera los dos pares de patas delanteras. Mantienen las traseras dentro de la madriguera para evitar que la trampilla se cierre. Los pelos sensoriales de las patas de la araña captan las vibraciones de los insectos (sobre todo hormigas y escarabajos) que caminan cerca. Cuando la presa está lo bastante cerca para agarrarla, la araña abre la trampilla, recoge el insecto y lo arrastra hasta la madriguera, donde se lo come. Los restos de la presa se sacan de manera periódica de la madriguera y se dejan cerca en pequeños montículos no muy agradables.

↓ La madriguera sin puerta de la araña de trampilla de Brisbane, *Arbanitis longipes* (Idiopidae), suele estar decorada con trocitos de vegetación.

↓ Las hembras de la araña de trampilla de Brisbane pasan la mayor parte de su vida dentro de sus madrigueras forradas de seda.

→ Con una puerta abatible disimulada entre la vegetación circundante, el hogar de la araña trampilla sudamericana, *Actinopus pusillus* (Actinopodidae), está muy bien camuflado. Por la noche, la hembra abre la tapa, se sienta en la entrada de su madriguera y espera a que aparezca su presa.

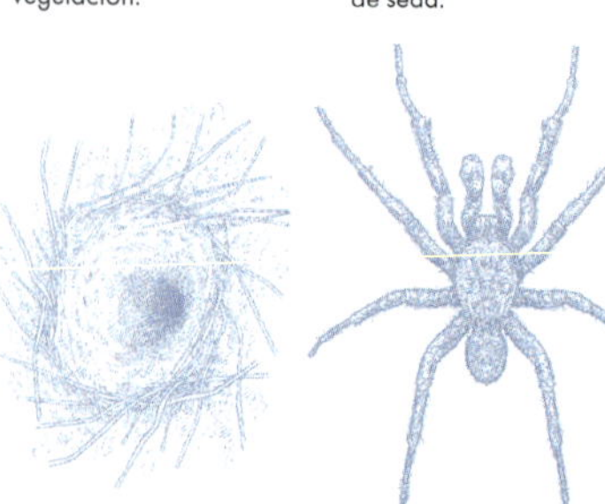

ARAÑAS TIRACHINAS

La araña triangular, *Hyptiotes cavatus* (Uloboridae), es nativa de Estados Unidos y Canadá. Pertenece a un grupo de arañas sin glándulas venenosas y construye una tela orbital triangular.

TELARAÑA LANOSA

La telaraña no tiene hebras de seda pegajosa como las telarañas orbitales. En su lugar, cuenta con hilos lanosos con los que se enredan las presas. Cuando la araña acaba de construir la tela, hace algo que no hace ninguna otra araña: convierte la telaraña en un tirachinas.

CATAPULTA DESPUÉS DEL APAREAMIENTO

Philoponella prominens (Uloboridae) es una especie de araña de tela orbital común en Asia. Las hembras casi siempre canibalizan a los machos después del apareamiento a menos que este pueda escapar. Los machos han desarrollado una forma muy novedosa de evitar convertirse en víctimas del canibalismo sexual. Después del apareamiento, el macho se apoya en el cuerpo de la hembra con su primer par de patas. De ese modo, una articulación de la parte inferior de cada pata hace que esta se doble. Las patas se enderezan por la entrada repentina de fluido, y el macho sale volando y es catapultado hasta un lugar seguro. Esta hazaña propulsora se produce en unos 4 milisegundos y el macho se desplaza a una velocidad aproximada de 90 cm por segundo.

~ Elaboración de un tirachinas ~

Para hacer un tirachinas, la araña sujeta el borde delantero de la telaraña con sus patas delanteras mientras las traseras empiezan a enrollar la seda sujeta a la vegetación cercana. De este modo aumenta drásticamente la tensión a la que está sometida la telaraña, como si se tensara un arco.

~ Uso de un tirachinas ~

Cuando la presa choca con la tela, la araña suelta la hebra de seda con resorte y tanto ella como la tela son impulsadas a 2,5 cm a una velocidad de unos 700 m por segundo (es decir, sesenta veces más rápido de lo que acelera un guepardo). Ningún mecanismo muscular podría moverse tan rápido: solo una telaraña con resorte es capaz de atrapar a una presa de esta manera. La aceleración de la tela y su movimiento cuando se relaja la tensión enredan a la presa sin que la araña tenga que entrar en contacto con ella. Si la presa no está suficientemente enredada para que la araña empiece a alimentarse, puede volver a cargar la tela y soltarla de nuevo hasta que su sustento no suponga ningún peligro.

← La araña triangular, *Hyptiotes cavatus*, utiliza su telaraña como un tirachinas para catapultarse a toda velocidad hacia su presa.

LANZAR UNA RED

Tiene un par de ojos dos mil veces más eficaces que los nuestros para ver en la oscuridad. Lanza telarañas a sus presas para atraparlas. Durante el día se esconde a plena vista, pero es tan enigmática que, según los investigadores, resulta casi imposible detectarla. La araña lanzadora de redes —género *Deinopis* (Deinopidae)—, que parece un ninja, posee los ojos más grandes de todas las arañas. Es como si llevase unas gafas de sol redondas demasiado grandes para su cara. Hay quien considera que esta característica le da un aspecto feroz y siniestro (de hecho, también se conoce como araña cara de ogro). Sus ojos son todavía más sensibles en la oscuridad que los de los búhos o los gatos.

CAZAR EN LA OSCURIDAD

Por la noche, la lanzadora de redes construye un armazón con forma de A y se suspende de él en un ancla de seda. Al quedar mirando hacia abajo, puede observar la vegetación con sus enormes ojos. Con sus dos pares de patas delanteras sujeta una red de hebras de seda lanosas. Sus «gafas» de visión nocturna captan el movimiento de posibles presas, como los escarabajos. Algunas arañas de esta familia incluso dejan caer sus excrementos blancos sobre la vegetación para que la presa destaque al pasar por encima. Cuando la araña detecta un insecto, estira sus dos patas delanteras, lo que también provoca que la red se estire y sea mayor. A continuación, a una

ATRAPAR A INSECTOS VOLADORES

Mientras mira al suelo, la araña lanzadora de redes también «escucha» a los insectos voladores que pasan por encima. Sus patas cuentan con pelos sensoriales sensibles al sonido de las alas de insectos como polillas y mosquitos. Esos pelos también detectan la distancia. Cuando el insecto está lo bastante cerca, la araña realiza un movimiento acrobático extraordinario. En una decimoquinta parte de un segundo, mueve sus patas delanteras y la red por encima de su cabeza. Después da una voltereta hacia atrás y atrapa al insecto que vuela hacia la red.

LA ARAÑA CON UNA VENDA EN LOS OJOS

Un grupo de investigadores de la Universidad de Nebraska-Lincoln deseaba comprobar hasta qué punto *Deinopis spinosa* de Florida podía cazar con una venda en los ojos. La venda se fabricó con silicona dental opaca y se aplicó sobre los grandes ojos de la araña con un palillo de madera. Mientras llevó la venda, la araña tardó diez veces más en atrapar a un grillo. Esto demostró que el desarrollo de los ojos de gran tamaño de la araña era esencial para cazar con éxito en la oscuridad, evitando así a los depredadores diurnos.

velocidad increíble, desciende con la red y recoge a la presa, la agita en la red para que se enrede todavía más y, con las patas traseras, la envuelve en un paquete de seda antes de inyectarle veneno.

COMO UN PALO DURANTE EL DÍA

Tras una noche de caza, y a medida que se acerca el amanecer, la araña lanzadora de redes pasa de ser una formidable depredadora a un inofensivo palo. Estira sus dos pares de patas delanteras por delante de su delgado cuerpo y sus dos pares de patas traseras por detrás. De ese modo, la araña resulta invisible para posibles depredadores como los pájaros, que detectarían fácilmente a la araña si tuviese aspecto de araña.

~ Reconstruir los ojos ~

Si la araña prevé que va a estar rodeada de luz, no en la oscuridad, rompe la membrana fotosensible de sus grandes ojos. Es posible que lo haga para que los ojos puedan hacer frente a la luz ambiental. Al fin y al cabo, ¡la araña no puede cerrar los ojos! Al anochecer reconstruye la membrana para poder ver lo que otras arañas son incapaces de ver en la oscuridad.

↓ Rostro de la araña cara de ogro (*Deinopis*) con sus enormes ojos, los más grandes entre todas las arañas.

PORTIA: UNA ARAÑA QUE COME ARAÑAS

La pesadilla de cualquier araña es *Portia*, un género de araña saltadora que se encuentra en los trópicos. Su especialidad es cazar otras arañas; tiene la vista de un primate y la astucia de un mamífero carnívoro.

CAZADORA ENIGMÁTICA

Esta araña se parece a un trozo de hoja muerta y camina como un bebé robot aprendiendo a andar. Ambas características contribuyen a que a esta hábil cazadora pase desapercibida; además, dispone de un gran número de estrategias para engañar y atrapar a sus presas de ocho patas.

~ Cazar arañas de tela ~

La principal presa de *Portia* son las arañas tejedoras de telas. *Portia* tira de la tela de la araña para despertar la curiosidad de su residente en lugar de comportarse como si un insecto hubiese quedado atrapado en la tela: el depredador no quiere convertirse en presa. Cuando la araña de la tela está suficientemente cerca para atacar, *Portia* la agarra y le inyecta veneno. Es capaz de caminar sobre la seda de las telarañas de otras arañas e incluso puede alimentarse en la tela de una araña cazada. Si *Portia* no logra arran-

SALTO Y CAZA

Como todas las arañas saltadoras, *Portia* posee una vista excelente. También están especializadas en cazar y comer otras arañas (araneofagia), incluidas las saltadoras. En Australia, *Portia fimbriata* (Salticidae) tiene una forma muy ingeniosa de atrapar a su presa habitual, la araña saltadora *Jacksonoides queenslandicus*. Mediante las señales químicas de su presa, *Portia* puede saber que la araña está cerca. Cuando detecta esa proximidad, salta en el aire de forma aleatoria. Ese movimiento puede provocar la reacción de la araña presa, que se moverá y mirará a la saltadora como si fuera un posible insecto presa. Al mantenerse un salto por delante, *Portia* puede acechar y atrapar a la araña engañada.

↑ Cazar otras arañas resulta peligroso, pero es una especialidad de *Portia*, una araña saltadora que incluso caza a otras arañas saltadoras. Esta araña es conocida por sus ingeniosos métodos de caza.

car con facilidad la tela de la araña, da un rodeo fuera de la vista de su presa y lanza un ataque desde arriba. Las arañas de tela no gozan de una buena vista y no ven a *Portia* descendiendo por un hilo de seda. Cuando *Portia* está lo bastante cerca de la araña de tela, la agarra.

~ Cazando arañas escupidoras ~

Portia incluso caza arañas escupidoras, una presa formidable. Con su vista aguda, *Portia* busca a una araña escupidora hembra que sostenga una nidada de huevos con sus colmillos: significa que no puede escupir y *Portia* está a salvo para atacar.

ARAÑAS PESCADORAS

La araña pescadora de seis manchas, *Dolomedes triton* (Pisauridae), de Norteamérica, captura peces pequeños que nadan cerca de la superficie del agua. La araña apoya sus dos patas delanteras en el agua para «escuchar» los movimientos que se producen debajo, mientras que sus dos patas traseras se sujetan a una superficie sólida. El mecanismo es similar al de la araña que capta las vibraciones en su tela. Si pasa un pez nadando, la araña se sumerge y lo atrapa antes de arrastrarlo a tierra firme y comérselo. ¡Se sabe que estas arañas incluso capturan peces de colores de los estanques de jardines particulares! Cuando la araña se sumerge, atrapa una burbuja de aire para poder respirar. También se esconde bajo el agua para escapar de sus depredadores. Como la burbuja de aire hace que la araña flote, necesita agarrarse a algo bajo el agua para no ascender a la superficie.

PESCA EN UNA PLANTA JARRA

Otra araña buceadora y pescadora pasa su vida dentro de una planta con una «piscina» muy pequeña. Las plantas jarra están parcialmente llenas de líquido para que los insectos se ahoguen. La jarra produce néctar para atraer a los insectos a sus superficies resbaladizas. Los insectos suelen caer

RESPIRAR BAJO EL AGUA

Nepenthicola misumenops puede esconderse de los depredadores en el líquido del interior de la planta jarra atrapando una burbuja de aire sobre sus pulmones en libro (órganos respiratorios), en la parte inferior de su abdomen. La burbuja le permite respirar bajo el agua hasta 40 minutos. La araña también utiliza su «botella de buceo» para capturar larvas de insectos que viven en el líquido. La pila de insectos muertos en el fondo de la jarra se llama necromasa, y es el hogar de las larvas de mosquito. La araña entra en la necromasa, agita el agua y desaloja a las larvas. A continuación, las arrastra fuera del líquido hasta la pared seca de la jarra y se las come.

ARAÑA DE AGUA

Argyroneta aquatica (Dictynidae) se encuentra en Europa y Asia, a menudo en lagos y estanques. Es la única araña conocida que pasa casi toda su vida bajo el agua. Como otras arañas capaces de respirar bajo el agua, esta araña puede mantener una burbuja de aire sobre su abdomen y sus pulmones en libro. Para ello, la araña construye un dosel de seda atado a trozos de plantas y después lo llena de burbujas de aire que hace descender desde la superficie. Esto proporciona aire suficiente para que la araña pueda pasar largos períodos de tiempo sin tener que volver a la superficie. Desde su hogar acuático, la araña puede atrapar insectos acuáticos, crustáceos e incluso peces pequeños cuando pasan nadando.

a una tumba acuática, y la planta extrae los nutrientes de sus cuerpos. *Nepenthicola misumenops* (Thomisidae) es una araña cangrejo de Asia que utiliza la jarra como hogar, fuente de alimento y guardería para sus crías.

~ Atrapar hormigas ~

Cuando se trata de atrapar hormigas, que son demasiado peligrosas para capturarlas vivas, la araña cangrejo cuenta con la ayuda de la planta de jarra. La araña captará las vibraciones de una hormiga que haya caído en el líquido. Con la hormiga ya hundida y ahogada, la araña espera unos diez minutos antes de recuperar a su inofensiva presa fresca.

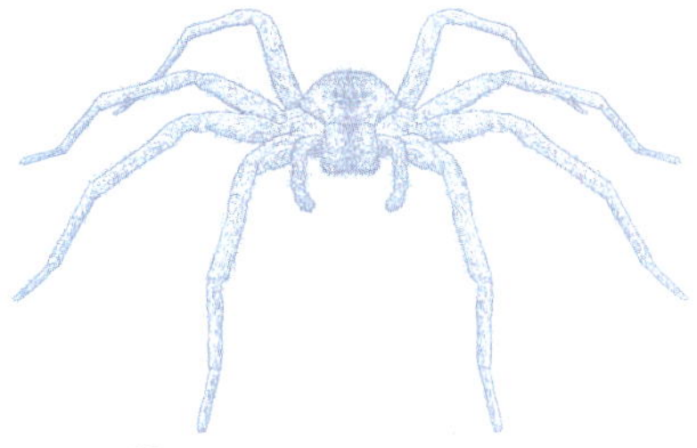

→ Como muchas otras *Dolomedes*, la araña pescadora, *Dolomedes aquaticus* (Pisauridae), de Nueva Zelanda, también captura peces pequeños.

ARAÑAS ESCUPIDORAS

Las arañas escupidoras (género *Scytodes*) tienen una cabeza de gran tamaño bastante peligrosa (*véase* Escupir seda, página 49). Cuando la araña se encuentra a unos 10 mm de su presa, mide la distancia palpando cuidadosamente con una pata delantera (como la mayoría de las arañas, no tiene buena vista). A continuación, lanza una mezcla pegajosa.

PEGAR LA PRESA

Al escupir, las arañas mueven los colmillos con rapidez de un lado a otro, de modo que la presa queda cubierta por un zigzag de pegamento que se contrae todavía más, enredando y atrapando a la víctima. El pegamento sale disparado a una velocidad de unos 30 m por segundo en tres centésimas de segundo. La cantidad de saliva escupida depende del tamaño de la presa. Además, se inyecta veneno para someter más al pegajoso sustento. Podría decirse que estamos ante una cobra escupidora de ocho patas.

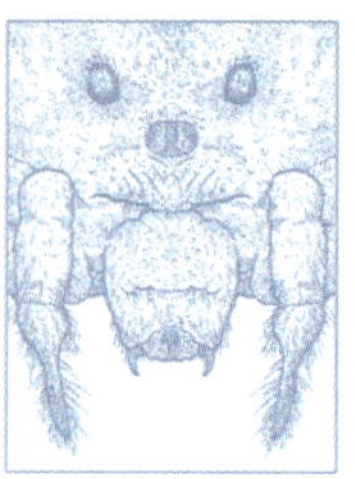

← Rostro de una araña escupidora (género *Scytodes*) mostrando sus pequeños colmillos, que inyectan veneno y lanzan un pegamento pegajoso cuando capturan a sus presas.

↙ Una hembra de araña escupidora (género *Scytodes*) utiliza sus colmillos para sujetar su saco de huevos.

→ Después de escupir seda líquida y pegamento, la araña escupidora *Scytodes thoracica* (Scytodidae) atrapa a una araña de telaraña orbital de mandíbulas largas (género *Leucauge*). Cuando el material escupido cae en su objetivo, se seca y se encoge, asegurando más, si cabe, que la víctima no tenga escapatoria.

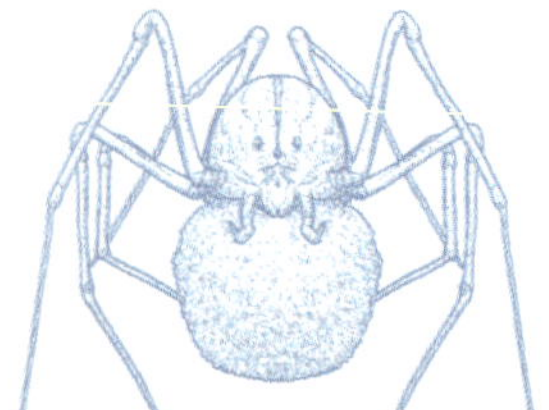

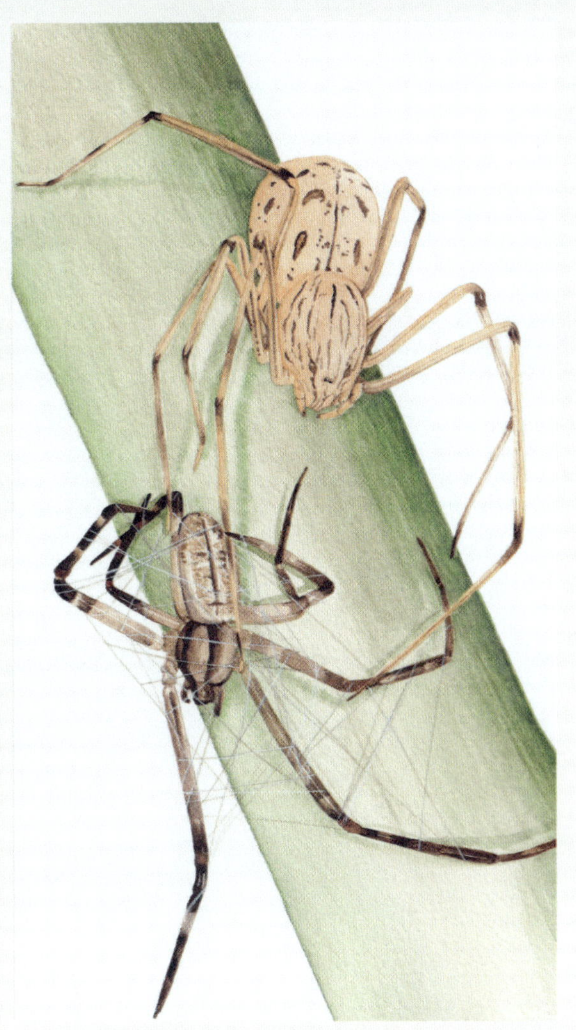

INMÓVIL COMO UNA ESTATUA

La araña cangrejo recibe ese nombre porque puede moverse de lado como un cangrejo. Se conoce como depredadora de espera o de emboscada. Muchas especies se sientan inmóviles sobre las plantas o las flores, con sus largas patas delanteras estiradas, esperando atrapar a los insectos que aterricen o caminen cerca. Aunque la mayoría de las arañas cangrejo son misteriosas y se mimetizan con su entorno, algunas incluso cambian de color según el color de la flor sobre la que se posen. Al parecer, el cambio de blanco a amarillo o a rosa obedece más al hecho de engañar a los depredadores que a los insectos que visitan las flores, ya que estos ven el color de forma muy diferente a un pájaro en busca de un tentempié de araña.

PRESA INTACTA

Aunque pueda servir de poco consuelo a un insecto que se convierte en su sustento, las arañas cangrejo dejan a sus presas casi totalmente intactas después de alimentarse. Sin embargo, extraen todas las entrañas con un par de series de orificios de colmillos (por lo general, uno en la cabeza y otro en el abdomen). Cuando la araña agarra a un insecto, le inyecta veneno a través de la parte del cuerpo más cercana a sus colmillos. Cuando el insecto deja de forcejear, la araña casi siempre coloca a la presa de modo

BEBEDORA DE NÉCTAR

Una fuente inusual de alimento para algunas arañas cangrejo no se encuentra en el interior de sus presas, sino en los nectarios de las flores. En Norteamérica, los machos de *Misumenoides formosipes* (Thomisidae) pueden pesar 20 veces menos que una hembra y 60 veces menos que una hembra llena de huevos. Los machos maduros solo viven unas pocas semanas y no se alimentan de presas, sino que se dedican a buscar hembras y aparearse. Mientras que las hembras obtienen su masa de las presas, los diminutos machos beberán néctar de las flores para prolongar su vida. Si están deshidratados, visitan hasta 80 flores por hora para reponer los líquidos perdidos.

ARAÑAS POLINIZADORAS

Una consecuencia inesperada de que las arañas cangrejo macho vayan de flor en flor en busca de néctar es que recogen polen y, como un insecto polinizador, lo transfieren de una flor a otra. Beber néctar y polinizar las flores se asocia a insectos polinizadores como las abejas y las moscas, no a arañas cangrejo macho.

que pueda empezar a alimentarse de la cabeza, que contiene tejido nervioso rico en grasa y proteínas. En el caso de presas grandes, la araña incluso puede girar la cabeza con sus patas, de modo que quede separada del tórax y el abdomen.

~ Presa vacía ~

La araña cangrejo introduce sus colmillos en la cabeza para crear un par de agujeros a través de los cuales puede succionar los tejidos del interior. Forma un sello sobre los agujeros y utiliza su poderoso buche aspirador para crear un vacío en la cabeza de la presa. Cuando se relaja, la araña libera enzimas digestivas, que se introducen en la cabeza al igualar el vacío y comienzan a digerir el tejido. La araña repite un ciclo de succión y relajación mientras mezcla las enzimas con el tejido, hasta que por último retiene la comida parcialmente digerida y completa la digestión en su propio sistema digestivo. La araña no solo utiliza la presa como alimento, sino también como una extensión de su propio sistema digestivo, ya que realiza ciclos de ida y vuelta de fluidos.

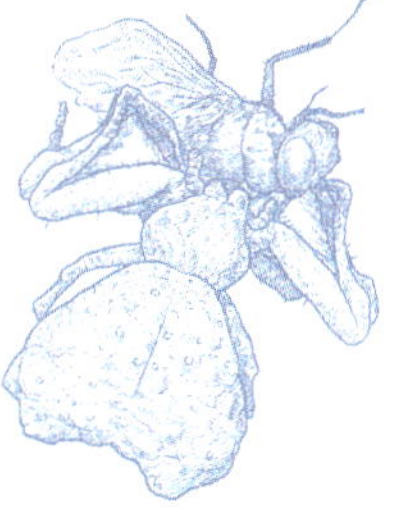

→ Una araña cangrejo, *Phrynarachne ceylonica* (Thomisidae), ha capturado y se está comiendo una mosca azul.

ARAÑAS LOBO

Las arañas lobo reciben este nombre porque algunos géneros corren tras su presa como un lobo, aunque no cazan en manada. Algunas arañas lobo pueden caminar sobre el agua. Cazan insectos y se sumergen para atrapar renacuajos y peces pequeños.

CORRER CON LAS CRÍAS

Algunas hembras de araña lobo transportan su saco de huevos en forma de bola sujetándolo a las hileras situadas en la parte posterior del abdomen. Las hileras están ligeramente elevadas para que el saco de huevos no se arrastre por el suelo. Resulta de gran ayuda, ya que la hembra puede continuar cazando mientras lleva el saco de huevos. Debe ser un viaje agitado para las crías de araña en desarrollo mientras su madre corre y caza. Tras la eclosión, las crías trepan por las patas de su madre y se aferran a los pelos de su abdomen y entre ellas. Durante las dos semanas siguientes, antes de abandonar el hogar, disfrutan de una montaña rusa arácnida.

← El rostro de una araña lobo *Hogna radiata* (Lycosidae) con sus dos grandes ojos, que le aportan una visión razonablemente buena.

↓ Una hembra de araña lobo con su saco de huevos, con el que carga incluso cuando caza.

→ Cazando como un lobo y una araña lobo, una araña cangrejo corredora (del género *Thanatus*, Thomisidae) ha capturado a una araña saltadora (género *Habronattus*; Salticidae). Es probable que la araña cangrejo captase vibraciones a través de la vegetación mientras la araña saltadora iba caminando.

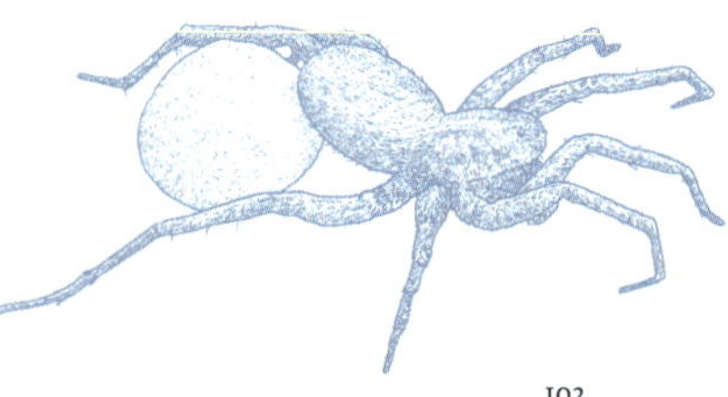

UNA ARAÑA QUE MATA VAMPIROS

A una araña saltadora de África Oriental, *Evarcha culicivora* (Salticidae), le gusta la sangre humana. La araña no acude a nosotros directamente, sino que busca mosquitos hembra, muy adecuados para acceder a la sangre humana, sin que seamos conscientes de ello.

GUSTO POR LA SANGRE

Como todas las arañas saltadoras, *Evarcha culicivora* tiene muy buena vista y es capaz de detectar el abdomen rojo lleno de sangre de un mosquito hembra entre un grupo de insectos de aspecto muy similar. Estas arañas también huelen la sangre; cuando detectan a una hembra repleta de sangre, se preparan para buscarla y alimentarse de ella.

VIENDO PELÍCULAS

El profesor Robert Jackson y la doctora Fiona Cross, de la Universidad de Canterbury (Nueva Zelanda), proyectaron películas en una pequeña pantalla para comprobar sobre qué tipo de presas se abalanza *Evarcha culcivora*. Casi siempre elige un mosquito hembra que se ha alimentado de sangre humana. Los mosquitos macho no beben sangre. Alimentarse de la sangre del interior de los mosquitos tiene sus ventajas, ya que todas las arañas se alimentan de fluidos y descomponen los tejidos de sus presas con enzimas digestivas: la sangre es como comida rápida para la araña.

~ La sangre como comida rápida ~

Cuando *Evarcha culicivora* rompe el abdomen del mosquito, le espera un almuerzo líquido casi digerido, como si tomara sopa de un cuenco. Otro efecto secundario de estas arañas es que convierten la sangre en perfume que hace a ambos sexos más atractivos el uno para el otro. A esta cazavampiros el gusto por los vampiros en miniatura le compensa en más de un sentido.

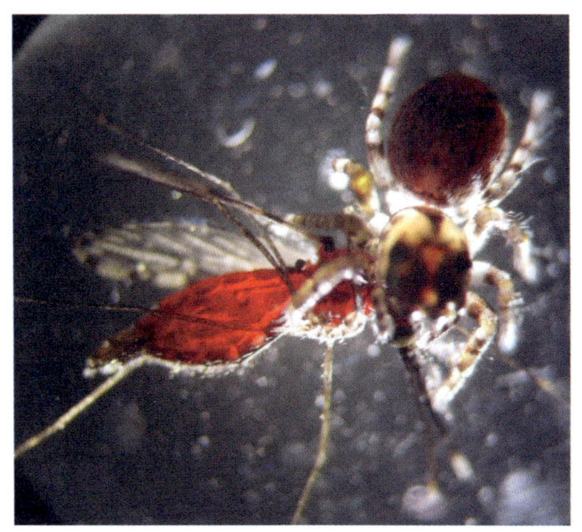

ALIMENTACIÓN FRENÉTICA

Evarcha culicivora detecta el olor de un mosquito lleno de sangre humana y empieza a buscar su próxima comida. A los investigadores les interesaba ver la reacción de la araña al olor de la sangre si viese varios mosquitos hembra llenos de sangre al mismo tiempo. Se colocó a la araña en un espacio con varios mosquitos y se impregnó con el olor de la sangre humana. La araña entró en un frenesí alimenticio y mató hasta a 20 mosquitos, muchos más de los que podía comer (desechó la mayoría). Al parecer, cuando la araña huele sangre y ve muchas presas, se desencadena una matanza.

↑ Al chupar sangre humana de un mosquito (*Anopheles gambiae*), el cuerpo de la araña saltadora, *Evarcha culicivora*, adopta el color rojo.

SALVADA POR UNA ESCULTURA DE ARAÑA

Los restos de plantas secas se pegan a menudo a las telarañas. Para las arañas de las filas de basura —género *Cyclosa* (Araneidae)—, son los componentes básicos de unos ingeniosos disfraces que camuflan a la araña y la ocultan de los depredadores.

ESCONDERSE ENTRE LA BASURA

Con una mezcla de desechos, restos de insectos y exoesqueletos mudados, las diminutas arañas de las filas de basura que amontonan restos crean una línea de basura en el centro de sus telas. Al mezclarse con la basura, la araña puede esconderse durante el día, cuando los depredadores (como los pájaros) escudriñan las telas en busca de una araña jugosa. Una especie de *Cyclosa* de Taiwán utiliza los restos de sus telarañas para crear réplicas de sí misma a tamaño natural. De ese modo, el depredador que ataque tiene más probabilidades de llevarse un bocado de basura que la araña real.

IMITADORA DEL TOCÓN DE UNA RAMA

El nombre común, araña tejedora tocón de árbol, para varias especies de *Poltys* (Araneidae) describe bien el tipo de araña que es y su aspecto. Estas arañas tienen un abdomen marrón con forma de rama rechoncha. Por el día, la hembra se esconde entre la vegetación con el abdomen levantado y no se parece a una araña. Por la noche construye una telaraña orbital y al amanecer se esconde. No hace mucho se descubrió en el suroeste de China una especie de *Poltys* cuyas hembras imitan a una hoja. La parte superior de su abdomen parece una hoja verde viva, mientras que la inferior se asemeja a una hoja muerta. Su abdomen también se estrecha como el pedúnculo desprendido de un tallo.

SEÑUELO DE ARAÑA GIGANTE

El señuelo de telaraña más notable es el que construyen diversas especies de *Cyclosa*, una de Perú y otra de Filipinas. Crean una gran réplica de una araña con sus ocho patas. Se cree que con ello desean engañar al posible depredador haciéndole creer que la araña de la tela es demasiado grande para atacarla.

~ Araña titiritera ~

Estas arañas fueron descubiertas por científicos que trabajaban en la selva peruana y que creyeron que se encontraban ante una gran araña muerta en una tela. La criatura empezó a moverse en respuesta a las sacudidas de la araña titiritera que se hallaba sobre el señuelo. Mientras que la araña de Filipinas construye una escultura de araña con sus ocho patas extendidas, la de Perú lo hace con las patas apuntando hacia abajo. Los humanos no somos los únicos que ponemos espantapájaros para engañar a las aves. Algunas arañas construyen terroríficas esculturas de arañas.

← Una araña de las filas de basura que amontona desechos (género *Cyclosa*) se esconde en su tela entre los restos, sobre todo de sus presas.

FUERA DEL MENÚ

Las arañas saltadoras (Salticidae) pertenecen a la mayor familia de arañas, que abarca unas 5000 especies. Todas las del género *Myrmaplata* imitan a las hormigas. Dado que las arañas saltadoras tienen una vista excelente y cazan de día, son vulnerables a depredadores como los pájaros.

Muchos de los depredadores que atacan a las arañas no hacen lo mismo con las hormigas debido a sus agresivas defensas de grupo. Aunque las arañas no son bienvenidas en las colonias de hormigas, el hecho de vivir cerca y parecer una hormiga podría bastar para mantener a salvo a la araña «vestida de hormiga». Una de las formas más extremas de mimetismo con las hormigas es *Myrmaplata plataleiodes*, que imita a la hormiga tejedora llamada tamién hormiga verde (*Oecophylla smaragdina*). La araña camina sobre seis patas y agita las delanteras como si fueran antenas de hormiga. Cuenta con manchas oculares oscuras que imitan los ojos de las hormigas y camina como una hormiga siguiendo un rastro químico.

UNA TRANSFORMACIÓN NOTABLE

Hasta la muda final de los machos para alcanzar la madurez, tienen el mismo aspecto que las hembras. Sin embargo, durante la muda final, los machos sufren una transformación notable. Dentro de la seguridad de un nido de seda, las mandíbulas del macho pasan de apuntar hacia abajo a estar horizontales. A continuación, se extienden y aumentan de tamaño hasta alcanzar entre el 50 y el 70 por ciento de la longitud del cuerpo de la

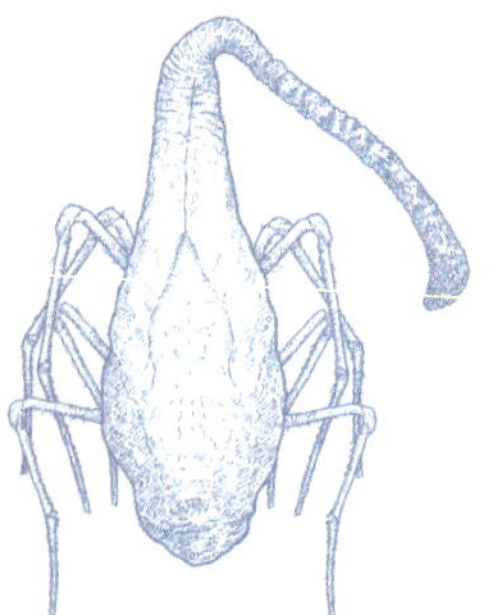

← Una araña de tela orbital (especie de *Poltys*) descubierta recientemente en los bosques de China tiene un aspecto muy parecido al de una hoja.

MACHOS QUE IMITAN A DOS HORMIGAS

Una pregunta obvia es si tener piezas bucales exageradas pone en riesgo el aspecto de los machos de la araña *Myrmaplata plataleiodes* como imitadores de hormigas tejedoras. Existen dos tamaños de hormigas obreras tejedoras. Las más grandes buscan comida y las más pequeñas cuidan de los huevos y las larvas. Las obreras más grandes suelen transportar a las más pequeñas a las distintas zonas del nido, y las más pequeñas tienen el mismo aspecto que las piezas bucales agrandadas de la araña. Una especie de *Myrmaplata* de Sri Lanka incluso cuenta con manchas oculares oscuras en los extremos de las mandíbulas para que se crea que el macho es una obrera más grande que transporta a otra más pequeña.

araña. Los colmillos también se extienden hasta alcanzar la misma longitud que las mandíbulas. Con las mandíbulas extendidas en horizontal, los colmillos quedan debajo.

Las arañas macho se equipan así para competir con otros machos por las hembras cercanas. Cuando dos machos se acercan, desenvainan sus largos colmillos como espadas y luchan con estos y con las mandíbulas. Se trata de una competición de fuerza y, en ocasiones, las peleas se intensifican hasta que el perdedor acaba lanzado por los aires. Mientras el ganador permanece inmóvil, la otra araña huye.

ESPADAS SIN VENENO

Dado que el macho posee unos colmillos tan largos, no dispone de un conducto continuo desde las glándulas venenosas hasta el conducto situado en el extremo de los colmillos. Así, los machos adultos no pueden inyectar veneno en sus presas para paralizarlas. Las hembras adultas, sin embargo, sí pueden hacerlo porque sus colmillos no están modificados.

~ Apuñalar a la presa ~

Los machos tienen que apuñalar a sus presas, algo menos efectivo que el veneno. Las presas grandes suelen escapar, y las partes del cuerpo de las más pequeñas en ocasiones quedan en los colmillos del macho.

SALVADA POR EXCREMENTOS DE PÁJARO

Las arañas de tela que cazan de día y las arañas cangrejo que cazan al acecho esperan a su presa, por lo que pueden ser el blanco de depredadores como los pájaros. Si la araña imita algo poco atractivo para el pájaro, es probable que nadie la moleste. ¿Qué hay mejor que parecerse al excremento de un pájaro que ha caído del cielo y se ha posado en una telaraña o una hoja?

IMITADORAS DE EXCREMENTOS

Las arañas que imitan a los excrementos de pájaros suelen tener el cuerpo brillante para dar a entender que los excrementos están húmedos y frescos. Algunas arañas incluso se sientan sobre seda hilada con una forma que parece un excremento de pájaro fresco encima de un excremento seco. La araña cangrejo del estiércol de pájaro, *Phrynarachne ceylonica* (Thomisidae), del sudeste asiático, añade otra capa a su doble capa de excrementos. Parece estiércol de pájaro y huele como si lo fuera. Este añadido al engaño aleja a los pájaros y atrae a presas como las moscas.

↓ Una araña de tela orbital (género *Cyrtarachne*) imita la deposición de un pájaro para engañar a sus depredadores.

↓ Otra araña de tela orbital, *Celaenia atkinsoni* (Araneidae), también se asemeja a los excrementos de un pájaro.

→ *Phrynarachne katoi*, la araña cangrejo de estiércol de pájaro, es una depredadora diurna que se sienta a esperar. No solo tiene un cuerpo brillante que parece un excremento fresco de pájaro; además, se sienta sobre seda hilada en forma de deposición de pájaro.

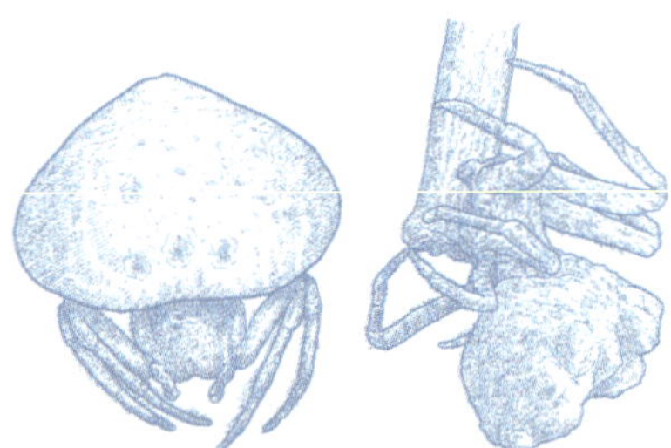

FUERA DE CONTROL

Los mayores enemigos de las arañas son las avispas parasitoides. Muchas inyectan veneno a las arañas para paralizarlas, de modo que se conviertEN en una inofensiva despensa para las crías de la avispa. Al comerse a la araña, las crías pueden pasar de huevo a larva antes de pupar y emerger como adultas. El cuerpo de la araña es su despensa y, en ocasiones, su guardería.

LA LARVA SE ALIMENTA DE LA ARAÑA

Cuando el huevo de *Reclinervellus nielseni* (Ichneumonidae) eclosiona, la larva sale parcialmente del saco del huevo y realiza pequeños orificios en el abdomen de la araña para alimentarse de su hemolinfa. Se cree que la larva mezcla la sangre con un anticoagulante para impedir su coagulación. Al cabo de uno o dos días, la larva abandona por completo el saco de huevos y utiliza unos ganchos especiales para agarrarse al abdomen de la araña. Continúa alimentándose y creciendo durante dos o tres semanas. A lo largo de ese tiempo, la araña sigue comportándose como tal y atrapando presas en su tela, incluso aunque la larva crezca hasta alcanzar un tercio del tamaño de su abdomen.

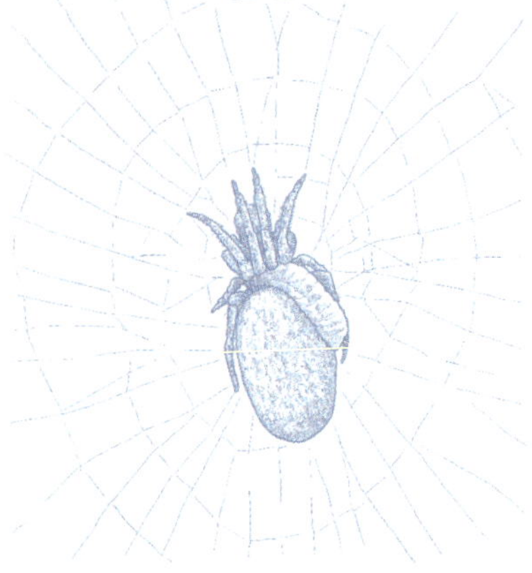

← Una larva de avispa parasitoide (*Reclinervellus nielseni*) se alimenta de una araña de tela orbital (una especie de *Cyclosa*) todavía viva.

UNA AVISPA ENGAÑA A UNA ARAÑA

Algunas avispas parasitoides pueden manipular la conducta de las arañas. Una de ellas vive en las selvas de Costa Rica. La araña de franjas blancas, *Leucauge argyra* (Tetragnathidae), construye una telaraña para atrapar a sus presas. La avispa icneumónida hembra (*Hymenoepimecis argyraphaga*) elige a la araña como huésped para sus crías. Utiliza dos métodos distintos para atacar a la araña. Uno consiste en revolotear junto a su tela antes de agarrar a la araña e inyectarle veneno para paralizarla. Con el segundo método, la avispa se comporta como si fuese una presa. Cuando la araña se acerca, la avispa ataca y la paraliza. La avispa comprueba en primer lugar si otra hembra ya ha puesto un huevo en la araña paralizada. Si encuentra otro huevo o larva, lo mata antes de adherir el suyo al abdomen de la araña. Después se marcha. El veneno de la avispa desaparece en 5 o 10 minutos, y la araña sigue su camino sin ser consciente.

~ La araña se convierte en zombi ~

Cuando la larva está lista para pupar, inyecta una sustancia química en la araña. Esto hace que esta cambie drásticamente su conducta de construcción de telarañas. La manipulación del sistema nervioso de la araña hace que entre en un bucle sin fin que da como resultado una estructura que no se parece en nada a una telaraña orbital. Parece más bien una serie de hilos gruesos de seda, como una rueda a la que le falta la mayoría de los radios. La araña zombi muere poco después de terminar el refugio de su ama, que la succiona hasta dejarla seca.

~ La telaraña protege el capullo ~

La larva arroja el cadáver de la araña al suelo antes de tejer su propio capullo en medio de los hilos gruesos de seda. Suspender el capullo por encima del suelo proporciona un lugar más seguro para pupar a salvo de posibles depredadores. Aproximadamente una semana más tarde, la avispa adulta emerge y alza el vuelo; su descendencia podrá controlar a continuación la mente de otra araña.

DE LA MADRIGUERA A UN BAÑO MORTAL

En Nueva Zelanda, algunas hembras de araña trampilla viven más de veinte años y permanecen toda su vida en sus madrigueras forradas de seda y cubiertas por una trampilla protectora. Es probable que las hembras que abandonan sus madrigueras estén infectadas por un gusano nematodo que habría estado creciendo en su interior durante varios años.

VIDA ACUÁTICA Y MUERTE

El nematodo comienza su vida bajo el agua, dentro de una larva de insecto que pupa y se traslada a tierra portando el parásito. Si el insecto infectado es devorado por una araña trampilla, el nematodo se instala en su interior, donde va creciendo hasta que provoca que la hembra cambie su conducta, abandone su madriguera y busque agua, donde se ahoga. El gusano, ya del tamaño de un espagueti, sale de la araña y se aparea. Las crías buscan entonces larvas acuáticas y el ciclo vital comienza de nuevo.

↓ Diminutos ácaros parásitos se aferran al cefalotórax de una hembra de araña trampilla, *Cantuaria dendyi* (Idiopidae).

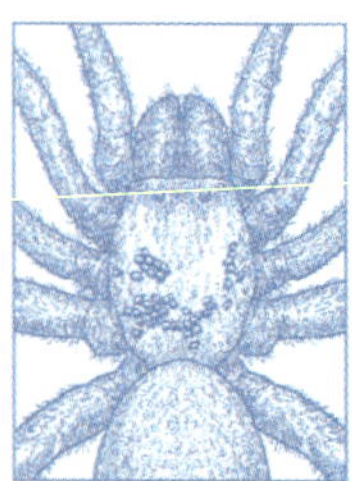

↓ Del cuerpo de una araña saltadora emergen los cuerpos fructíferos de un hongo parásito (del género *Gibellula*).

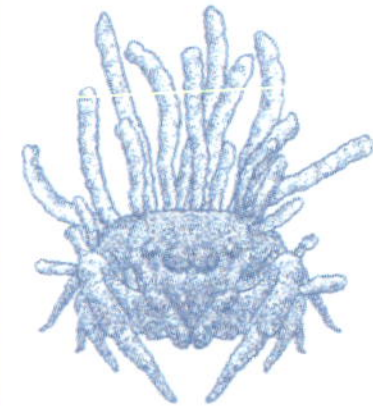

→ Aunque la hembra de la araña trampilla, *Cantuaria dendyi*, pasa toda su vida dentro de una madriguera, el nematodo parásito *Aranimermis giganteus* hace que la araña salga de su madriguera en busca de agua. Cuando se ahoga, el gusano de 30 cm sale de la araña.

LA PEOR PESADILLA DE UNA TARÁNTULA

La mayoría de las arañas utilizan veneno para paralizar o matar a sus presas antes de comérselas. Las avispas parasitoides emplean veneno para paralizar, pero no matar, a diversas arañas. Los motivos por los que desean mantener viva a su víctima durante el mayor tiempo posible son terroríficos.

AVISPAS TERRORÍFICAS

Las avispas más terroríficas probablemente sean algunas especies de pompílidos. Las avispas que cazan tarántulas son los mayores parasitoides de arañas y atacan a un grupo que incluye las arañas más grandes: las tarántulas. Aunque las avispas adultas solo se alimentan de néctar, sus crías comen carne de araña.

↓ Una avispa cazadora de tarántulas ha paralizado a una tarántula con veneno. La araña continúa viva, pero ya es inofensiva. El cuerpo de la tarántula se convertirá en alimento para las crías de la avispa.

MUERTE POR MOSCA

Acroceridae, comúnmente llamadas moscas jorobadas, son parasitoides de varias arañas, incluidas las tarántulas. Las larvas encuentran una tarántula huésped buscando o esperando a que pase una araña. A continuación, la larva entra en el cuerpo de la araña a través de las membranas blandas entre las articulaciones de las patas, o directamente en el abdomen. Una vez dentro, penetra en los pulmones en libro de la araña, de modo que respira el mismo aire que esta. La larva puede permanecer así durante varios años antes de matarla ingiriendo todos sus tejidos internos. Poco antes de morir, la araña construye una pequeña tela. La larva engordada emerge del cuerpo de la araña y utiliza la telaraña para pupar hasta la madurez.

~ Paralizada ~

Cuando una avispa hembra encuentra una tarántula, le inyecta veneno a través de su largo aguijón. La avispa arrastra entonces a la araña indefensa hasta su madriguera y pone un huevo en su cuerpo. Cuando el huevo eclosiona y se convierte en larva, hace un pequeño agujero en el abdomen de la araña y se introduce en su cuerpo. Se alimenta durante un par de semanas, pero dado que no se come los órganos vitales de la araña, esta se mantiene viva y fresca. Por último, la larva termina de alimentarse y pupa dentro del cuerpo ya vacío de la araña antes de emerger como avispa adulta y abandonar la madriguera. Si la avispa es hembra, seguirá los pasos de su madre; los machos buscan oportunidades para aparearse con las hembras.

~Picadura dolorosa ~

La picadura de la avispa que caza tarántulas no es especialmente peligrosa para el ser humano, aunque se considera una de las picaduras de insecto más dolorosas que se conocen. El dolor solo dura unos cinco minutos, pero parece que son cinco minutos que nunca se olvidan.

HUIR DEL PELIGRO

Aunque las arañas son unas depredadoras formidables, también pueden convertirse en el sustento de otros depredadores y parasitoides. Algunas han desarrollado formas de escapar muy ingeniosas y sorprendentes.

ARAÑA RODANTE

La araña cazadora, *Carparachne aureoflava* (Sparassidae), vive en el desierto de Namibia, en el sur de África. Se la conoce con el nombre común de araña rueda dorada por su color y por la forma en que escapa de su enemigo más peligroso, una avispa parasitoide. Aunque la araña intenta esconderse en la arena, si la avispa se acerca demasiado, realiza una breve carrera antes de doblar las patas en semicírculos, girar hacia los lados y, con la ayuda de la gravedad, rodar pendiente abajo como una rueda desbocada. Es capaz de realizar hasta 44 vueltas por segundo, y así consigue escapar de la avispa.

ARAÑA GIMNASTA

En un desierto del sureste de Marruecos hay una araña que se comporta como una versión de ocho patas de una gimnasta humana. La araña acróbata, *Cebrennus rechenbergi* (Sparassidae), es una araña cazadora que huye de sus depredadores mediante unos movimientos sorprendentes. Después de una breve carrera, se impulsa en el aire con las patas traseras y aterriza sobre las delanteras. Continúa moviéndose de este modo hasta que se encuentra a salvo.

LA CORREDORA MÁS RÁPIDA

Si rodar y dar volteretas son formas muy inusuales de que las arañas escapen del peligro, correr no lo es, y muchas arañas huyen simplemente corriendo. La araña gigante doméstica, *Eratigena atrica* (Agelendiae), que vive en Norteamérica y Europa, ostenta el récord de la carrera más rápida. Aunque esta araña construye una telaraña caótica parecida a un trampolín, corre tras su presa y huye de sus depredadores. Con unas patas largas y delgadas y un cuerpo esbelto, puede recorrer 50 cm en un segundo.

→ Cuando la araña acróbata, *Cebrennus rechenbergi*, realiza gimnasia arácnida para escapar, se mueve el doble de rápido que cuando camina.

LA PRESA IMITA AL DEPREDADOR

Las diseños de algunos insectos, incluidas moscas, chinches y polillas, imitan las patas y la cara de las arañas saltadoras. Hacer creer a la araña que está ante otra araña saltadora, en lugar de una presa, puede dar a los insectos la oportunidad de escapar. Las polillas del género *Brenthia* de Costa Rica levantan las alas delanteras y traseras para mostrar dibujos que imitan las patas y el rostro de una araña saltadora; además, se mueven como si fueran una de ellas. Durante su paso por la Universidad de Connecticut, la doctora Jadranka Rota descubrió que las polillas conseguían engañar a la araña saltadora *Phiale formosa* (*Salticidae*), de la misma zona. Las polillas tenían más probabilidades de sobrevivir que una polilla de tamaño similar con alas lisas.

ARAÑAS *INFLUENCERS*

La coreografía coordinada de ocho patas que caminan y se mueven en direcciones imprevisibles se menciona con frecuencia como factor del miedo que sienten algunas personas hacia las arañas. Sin embargo, la misma mecánica de locomoción de las arañas que provoca miedo en las personas también ha servido de inspiración para el diseño de patas robóticas. Las arañas extienden las patas de forma hidráulica introduciendo hemolinfa en las patas, un recurso que coordinan con la flexión muscular de las articulaciones. En el diseño de patas robóticas se han incorporado mecanismos similares para producir patas para una serie de robots con diversos usos.

ROBOTS ARAÑA PARA EXPLORAR MARTE

La araña rueda dorada, *Carparachne aureoflava* (Sparassidae), del desierto de Namibia (sur de África), ha desarrollado un ingenioso método para eludir a una peligrosa avispa parásita (*véase* página 118). Su estrategia de huida ha inspirado el diseño de un robot que podría servir para explorar el difícil terreno de Marte. Llamado Spider Rolling Robot, los diseñadores lo ven

VENENO CON UN LADO POSITIVO

Entre las arañas de tela en embudo australianas hay especies con un veneno que puede ser letal para las personas. Antes del desarrollo de un antídoto, podía matar a una persona en 15 minutos. El veneno contiene un arsenal de diferentes neurotoxinas y otras moléculas que evolucionaron para paralizar a las presas (insectos). Investigadores australianos han descubierto que una de las neurotoxinas de la araña de tela en embudo, *Hadronyche infensa* (Atracidae), en lugar de ser peligrosa para nosotros, podría reducir la gravedad de los daños cerebrales después de un ictus, en el que una parte del cerebro queda privada de oxígeno. Esa privación puede provocar la muerte de células cerebrales, pero la neurotoxina del veneno desactiva una vía neuronal vital y evita que eso ocurra.

como una alternativa a los exploradores con ruedas que se asemejan a un coche muy modificado. También creen que el robot podría ser energéticamente eficiente porque podría aprovechar las condiciones ventosas de Marte y, como la araña, utilizar la gravedad para rodar colina abajo.

LAS ACROBACIAS DE LA ARAÑA INSPIRAN A LOS ROBOTS

La araña acróbata, *Cebrennus rechenbergi* (Sparassidae), del desierto marroquí de Erg Chebbi (*véase* Araña gimnasta, página 118), se ha imitado en un robot capaz de caminar o rodar sobre seis patas. En este último caso, seis patas actúan como dos ruedas y otras dos lo dirigen.

NECROBÓTICA

Un grupo de ingenieros de Estados Unidos ha desarrollado recientemente un tipo de robot inspirándose en el cuerpo de una araña lobo muerta. Uno de los ingenieros observó que las patas de las arañas muertas se curvan hacia dentro. Esto se debe a que la araña ya no dispone del sistema hidráulico presurizado para extender sus patas multiarticuladas. Los ingenieros introdujeron una jeringuilla en el cefalotórax delantero rígido de la araña. Al cambiar la cantidad de aire bombeado dentro y fuera de la araña, esta extendió y cerró las patas como si estuviera viva. El cadáver podía recoger objetos, como otra araña muerta. Bautizaron a este nuevo campo de la robótica con el nombre de necrobótica, y esperan utilizarlo como modelo para desarrollar pequeñas pinzas mecánicas. Un uso extraño e inesperado de una araña muerta.

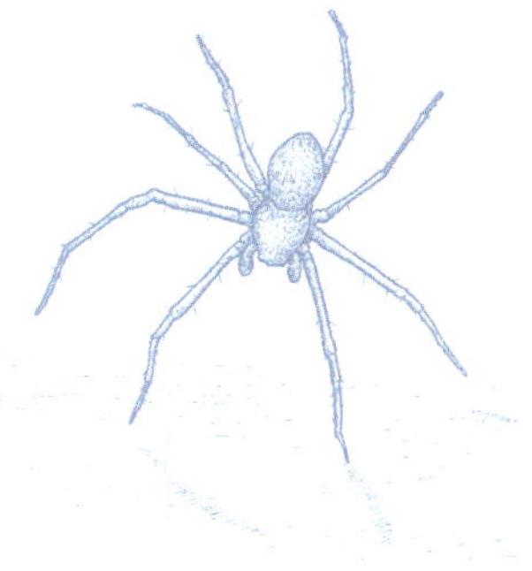

← Una araña acróbata, *Cebrennus rechenbergi*, acaba de posarse sobre sus patas delanteras después de impulsarse con las traseras.

ARAÑAS QUE UTILIZAN HERRAMIENTAS

En el ventoso desierto de Namibia, en el sur de África, una araña que vive en un refugio en forma de tubo ha desarrollado una novedosa forma de detectar las vibraciones de sus presas. La araña corola —género *Ariadna* (Segestriidae)— vive en una madriguera forrada de seda y rodea la entrada con pequeños guijarros, casi siempre de cristal de cuarzo. La araña suele utilizar siete guijarros, cada uno de los cuales está unido a la entrada de la madriguera con un pequeño hilo de seda.

BUENAS VIBRACIONES

La araña se sienta en la entrada de la madriguera con sus seis patas delanteras en contacto con la seda. Los cristales de cuarzo transmiten muy bien las vibraciones. Si una hormiga o un escarabajo que pasa por allí toca o pisa los cristales, las vibraciones de la presa se transmiten a través del guijarro y el hilo de seda hasta la araña. Esta sabe exactamente de qué punto de su círculo de piedras proceden las vibraciones y se apresura a llevarse a su presa a la madriguera.

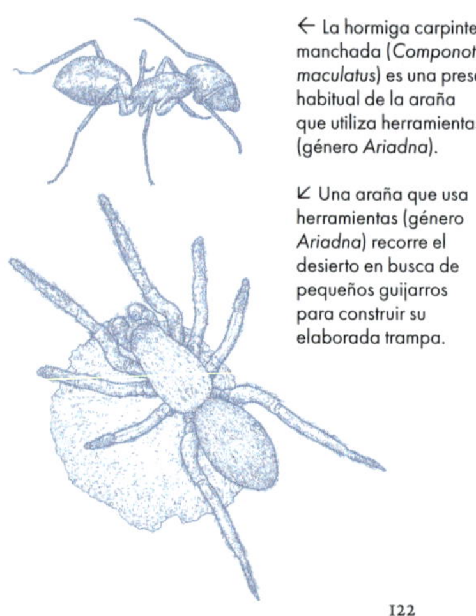

← La hormiga carpintera manchada (*Componotus maculatus*) es una presa habitual de la araña que utiliza herramientas (género *Ariadna*).

↙ Una araña que usa herramientas (género *Ariadna*) recorre el desierto en busca de pequeños guijarros para construir su elaborada trampa.

→ Una hembra de araña corola que vive en una guarida en forma de tubo (género *Ariadna*) coloca sus patas sobre los guijarros de cristal de cuarzo que rodean la entrada de su madriguera. Espera las vibraciones de la presa al tocar los guijarros, que la alertan de la proximidad de sustento. Una hormiga carpintera está a punto de revelar su presencia.

INVESTIGACIÓN PUNTERA SOBRE ARAÑAS

Los avances tecnológicos han permitido a los investigadores observar los ojos de una araña saltadora con un oftalmoscopio del tamaño de una araña, o utilizar una cámara de vídeo con una velocidad de fotogramas casi 1800 veces superior a la normal para filmar el chasquido de las mandíbulas de una araña. La tecnología ha ayudado a desvelar la historia evolutiva de las arañas y sus espectaculares habilidades, que en algunos casos parecen ir más allá de nuestra imaginación.

ARAÑAS SALTADORAS

Los investigadores utilizaron una cámara de vídeo de alta velocidad, microscopía electrónica de barrido y diversas herramientas para medir la resistencia de la seda y tratar de entender cómo utiliza la araña cebra, *Salticus scenicus* (Salticidae), la seda de arrastre cuando salta. Aunque las arañas saltadoras usan la seda de arrastre como línea de seguridad, se desconoce qué ocurre cuando una de ellas salta y arrastra tras de sí una línea de seguridad de seda. Los investigadores filmaron a la araña saltando sobre un espacio de 3 cm. La araña despegó a 70 cm por segundo con una línea de seda de arrastre unida al punto de despegue.

SEGUIMIENTO DE LOS OJOS DE LA ARAÑA SALTADORA

El oftalmoscopio se emplea para observar el fondo de los ojos. Un grupo de investigadores de Estados Unidos y Nueva Zelanda ha diseñado y construido el equivalente para observar los dos ojos principales de las arañas saltadoras. A pesar de su tamaño, poseen una vista muy eficaz. Cuando la araña está en posición, los investigadores pueden mostrarle vídeos al tiempo que utilizan una cámara acoplada al rastreador ocular para grabar lo que está mirando. Si la araña ve un grillo, los ojos se mueven rápidamente para enfocar a su presa. La profesora Beth Jakob, de la Universidad de Massachusetts Amherst, afirmó que se trataba de una «pequeña ventana a su mente».

CHASQUEAR A GRAN VELOCIDAD

Los investigadores han medido la velocidad a la que diferentes especies de arañas de trampa-mandíbula (Mecysmaucheniidae) chasquean las mandíbulas abiertas sobre la presa. Las diminutas arañas recogidas entre la hojarasca de selvas tropicales de Nueva Zelanda y el sur de Sudamérica poseen un tamaño que oscila entre 2 y 10 mm. Pueden cerrar los quelíceros abiertos en tiempos que van de 10 milisegundos y nada menos que 0,1 milisegundos (es decir, unas 800 veces más rápido que un parpadeo). La más rápida fue una especie de *Zearchaea* de Nueva Zelanda, y también la más pequeña (del tamaño de un grano de arroz). El uso de cámaras de vídeo de alta velocidad requirió una velocidad de 40 000 fotogramas por segundo antes de que se pudiera ver al ejemplar más rápido chasqueando.

→ Las velocísimas mandíbulas de las arañas de mandíbula-trampa podrían haber evolucionado para atrapar a los colémbolos saltarines antes de que escapen.

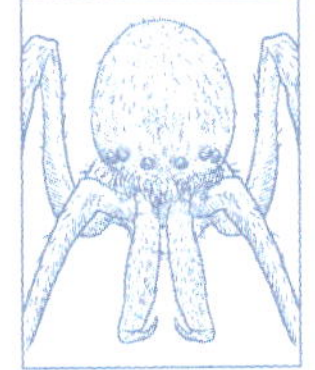

~ La segunda seda más resistente que se conoce ~

Sorprendentemente, la seda se desprendió del cuerpo de la araña saltadora a una velocidad de 500-700 mm por segundo. Los investigadores también descubrieron que la seda de arrastre es la segunda seda más resistente jamás encontrada en una araña, solo por detrás de algunas sedas de telaraña orbital. Al parecer, esta resistencia permite la extracción de la seda con una increíble rapidez cuando la araña salta a tanta velocidad. La seda también frena a la araña a medio salto y mantiene su cuerpo orientado en preparación para el aterrizaje. Lo que ocurre cuando salta una araña de 5 mm es realmente asombroso.

VIVIR CON ARAÑAS

Las arañas llevan millones de años viviendo en todos los rincones de la Tierra, excepto en la Antártida. Los humanos llevamos muy poco tiempo habitando en todos los rincones del planeta, y durante todo ese tiempo hemos compartido espacios vitales con las arañas. Rara vez nos hacen daño y en su mayoría llevan una vida discreta y reservada.

ENCUESTA SOBRE ARAÑAS

En un estudio aleatorio realizado en 50 viviendas unifamiliares de distintas antigüedades y superficies en Raleigh, Carolina del Norte (Estados Unidos), se analizaron los artrópodos (sobre todo insectos y arañas) que vivían en cada casa.

↓ La araña de patas largas, *Pholcus phalangioides* (Pholcidae), se halla distribuida por todo el mundo. En general, construye su tela y habita en casas.

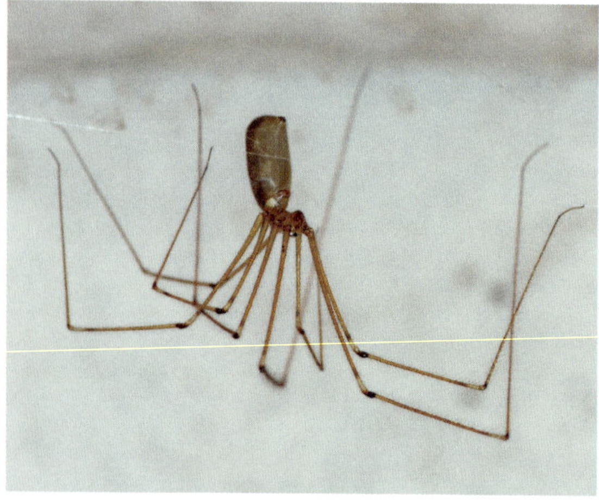

UNA ESTADÍSTICA ASOMBROSA

Mediante la revisión de estudios anteriores sobre poblaciones de arañas en distintos hábitats, los investigadores calcularon cuánto ingieren en un año (sobre todo insectos). Según esos cálculos, las arañas se alimentan de entre 400 y 800 millones de toneladas de presas al año. En comparación, toda la población humana come unos 400 millones de toneladas de carne y pescado al año. También calcularon que el número medio de arañas en la Tierra es de unas 130 por metro cuadrado. La mayoría de las arañas viven en bosques y praderas, y esas poblaciones consumen alrededor del 95 por ciento del total de la ingesta de las arañas. Dado que esas zonas albergan plagas de insectos que también son portadores de enfermedades y parásitos, las arañas son esenciales para nuestra supervivencia.

~ En casa con arañas ~

Se encontraron arañas viviendo en todas las casas, y los salones, las cocinas y los sótanos fueron los espacios más compartidos con los humanos. Las arañas más comunes de las que se hallaron fueron las de telaraña irregular y las de patas largas. En un sótano se encontró una araña viuda negra. La gente se sorprendió mucho al conocer la cantidad de arañas que tenía como huéspedes.

LOS INSECTOS CONTRA LOS BRITÁNICOS

En 1958 se publicó *The World of Spiders*, un popular libro del conocido biólogo británico William S. Bristowe. El autor realizó una evaluación digna de mención basándose en las densidades de población de arañas conocidas en la época y en una estimación conservadora según la cual cada araña comería unos 100 insectos al año. Calculó que el peso de todos los insectos ingeridos por las arañas en Gran Bretaña en un año sería mayor que el de la población humana total del país (unos 52 millones en 1958). Teniendo en cuenta lo que sabemos sobre la cantidad de insectos que comen las arañas en todo el mundo en un año (*véase* el recuadro), es posible que tuviese razón.

VALORAR A LOS MAYORES

En 1974 se puso en marcha un estudio en una reserva de monte bajo autóctono del suroeste de Australia con el fin de estudiar la historia vital de una araña trampilla nativa, *Gaius villosus* (Idiopidae). Las hembras pasan toda su vida dentro de una madriguera forrada de seda, y las ninfas (las crías) la abandonan a las pocas semanas de vida para construir sus propias madrigueras cerca de aquella en la que nacieron. En 1974, la decimosexta cría de araña a la que se le realizó un seguimiento recibió el nombre de número 16.

MUERTE POR PARASITOIDE

En mayo de 2016, la araña número 16 (una hembra) continuaba viva, pero en octubre de ese mismo año, una avispa parasitoide realizó un pequeño agujero en la tapa de su madriguera. La avispa mató a la araña y la usó como alimento para su larva en desarrollo. La hembra tenía 43 años cuando murió, la edad más avanzada que se conoce para una araña, y ni siquiera murió de vieja.

↓ Después de abandonar la madriguera de su madre, la araña trampilla hembra, *Gaius villosus*, excava su propia madriguera.

↓ La madriguera está rodeada de ramitas para ayudar a la araña trampilla a recoger las presas que pasan cerca.

→ La tarántula mexicana de rodillas rojas, *Brachypelma smithi* (Theraphosidae), que puede vivir hasta 20 años, aproximadamente, es originaria de México y popular como mascota por sus llamativos colores y su naturaleza dócil. Su popularidad llegó a suponer una amenaza para su existencia, y en 1985 se incluyó en la lista de especies protegidas de la CITES.

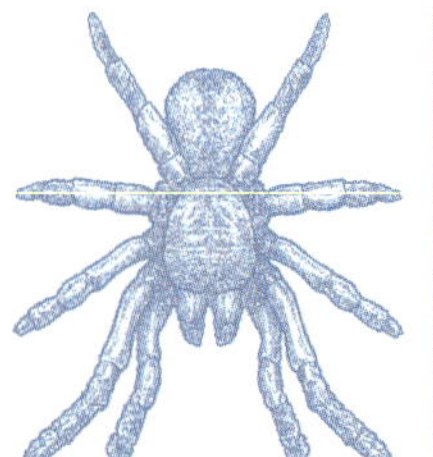

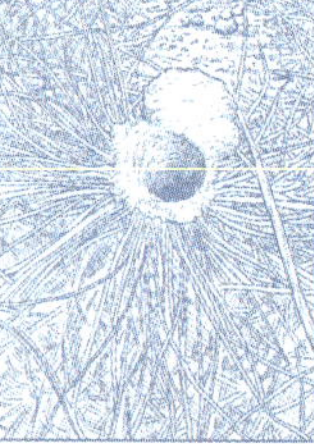

EL MITO DE ARACNE

Las arañas forman parte de los relatos míticos de numerosas culturas, a menudo como alegoría de los aspectos positivos y negativos de la naturaleza humana. La historia de Aracne nos brindó la primera araña mítica y una lección de humildad.

ENFRENTAMIENTO ENTRE TEJEDORAS

Aracne era una excelente tejedora desde muy joven. La gente se reunía para ver cómo tejía. Sin embargo, se volvió presuntuosa y acabó afirmando que su habilidad no tenía nada que ver con el talento y la inspiración de Atenea (que, entre otras cosas, era la diosa de la guerra y del tejido). Atenea desafió a Aracne a una competición de tejido: mientras la primera tejió un tapiz que mostraba a los dioses en toda su gloria mítica, en el de Aracne aparecían con los defectos propios de los mortales. No tardó en darse cuenta de que no había sido una buena idea.

Atenea se enfadó con Aracne por tejer un tapiz que dejaba en mal lugar a los dioses. Y porque Aracne, una simple mortal, era una tejedora de talento que rivalizaba con ella, una diosa. Atenea destruyó el tapiz y Aracne se marchó, avergonzada por su arrogancia. Finalmente, Atenea se apiadó de Aracne y decidió permitir que fuese tejedora para siempre. Solo tenía que introducir algunos cambios: a Aracne le crecieron ocho patas y ocho ojos, y así se convirtió en la primera araña.

LEGADO ARÁCNIDO

Arachnida es el nombre que recibe la clase de animales de ocho patas que incluye a las arañas, los opiliones, los escorpiones y los ácaros. No es de extrañar que la palabra derive de Aracne, la primera araña mítica del mundo, que nos dejó un maravilloso legado de descendientes fascinantes.

PINTAR SOBRE TELARAÑAS

Aracne se convirtió en la primera araña por su habilidad para tejer, y algunas de las telas de sus descendientes se utilizaron como lienzos para pinturas. En el siglo XVI se empezaron a usar telas de araña, como las de las arañas de tela en embudo (Agelenidae), como capas de seda para crear lienzos en los que se podía pintar una gran variedad de temas, desde figuras religiosas hasta paisajes. Las telarañas recogidas se limpiaban de restos antes de colocarlas en capas sobre un tablero ovalado del tamaño aproximado de una tarjeta postal. Cuando había suficientes capas, los artistas pintaban cuidadosamente con pinceles de punta fina, sobre todo acuarelas con una base de pigmento blanco. Dado que la seda era traslúcida, las pinturas (que casi siempre se conservaban entre cristales) parecían brillar con la luz.

↑ La seda de la araña de telaraña negra, *Porrhothele antipodiana*, de Nueva Zelanda, se ha utilizado como lienzo para pintar aves autóctonas.

ROBERTO I BRUCE

La historia más conocida sobre una araña inspiradora probablemente sea la de Roberto I Bruce, que llegó a ser rey de Escocia. Tras ser derrotado seis veces por los ingleses, Roberto se hallaba escondido en una cueva cuando vio a una araña que intentaba conectar un hilo de anclaje para construir una telaraña. La criatura fracasó en su intento de conectar el hilo a un punto distante hasta en seis ocasiones. Sin embargo, lo logró en el séptimo intento, y eso inspiró a Roberto a tratar de derrotar a los ingleses una vez más: como en el caso de la araña, su séptimo intento tuvo éxito.

LA FÁBULA DE LA ARAÑA

Los historiadores afirman que el relato surgió varios siglos después de que Roberto derrotara a los ingleses en Bannockburn en 1314 y que, de hecho, fue protagonizada por otra persona. Parece más probable que una amiga de la familia, Christina of the Isles, contase con los recursos para suministrar barcos y hombres, y que eso contribuyese al éxito de Roberto. En cualquier caso, la historia de la araña inspiradora ha llegado hasta nuestros días.

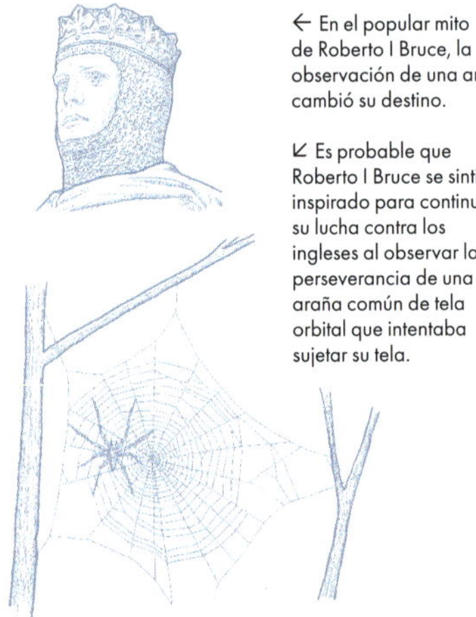

← En el popular mito de Roberto I Bruce, la observación de una araña cambió su destino.

↙ Es probable que Roberto I Bruce se sintiera inspirado para continuar su lucha contra los ingleses al observar la perseverancia de una araña común de tela orbital que intentaba sujetar su tela.

→ Es posible que la araña que inspiró a Roberto I Bruce al observar cómo tejía su tela se tratase de una hembra de araña de jardín europea, *Araneus diadematus* (*Araneidae*), construyendo su tela orbital. Cuando se siente amenazada, la araña hace vibrar la tela con tal violencia que tanto ella como la tela se vuelven borrosas.

TARANTISMO

Aunque su veneno no es peligroso para las personas, la ciencia médica de la Italia del siglo XIV reforzó el mito supersticioso de que los síntomas de la picadura de una gran araña lobo, *Lycosa tarantula* (Lycosidae), solo se podían tratar con una cura no médica. El primer caso documentado de tarantismo se produjo en el sur de Italia en 1370. Se creía que su veneno provocaba síntomas físicos (como dolor, hinchazón y náuseas) y psicológicos (como histeria y «exhibicionismo desvergonzado»). Las víctimas solían ser personas que trabajaban durante la temporada de cosecha en el campo, donde la araña era común.

LA DANZA DE LA ARAÑA

Dado que en aquella época ningún medicamento podía curar al paciente, se sugirió que bailando se eliminaría el veneno y se curaría. Así surgió la danza de la tarantela. Los músicos viajaban por los pueblos ofreciendo tocar música que inspirase el baile prolongado y vigoroso necesario para la curación. El baile (con descansos) podía durar horas e incluso días hasta que el paciente se desplomaba y quedaba física y psicológicamente libre de síntomas. Ese mito persistió durante siglos y se extendió por toda Italia hasta alcanzar un pico de histeria a mediados del siglo XVII. Con el aumen-

TARÁNTULA ITALIANA

Tarantola en italiano significa «tarántula». Aunque la araña lobo que se considera la responsable tenía el nombre de tarántula, solo guarda un parentesco lejano con el gran grupo de arañas conocidas comúnmente como tarántulas. Existen muchas palabras relacionadas con la tarántula. La ciudad próxima al lugar donde se describió el primer caso fue Taranto, y el efecto de la picadura se denominó tarantismo. A las víctimas de la mordedura se les llamaba *tarantata*. La tarantela, que significa «danza de la araña», ha perdurado a lo largo de los siglos. Aunque en su origen se asoció con la angustia, ahora se considera una danza alegre que se baila en las bodas.

EL TARANTISMO EN EL SIGLO XIX

En un libro de medicina francés publicado a mediados del siglo XIX, el autor afirmaba que el tarantismo era real y que bailar la tarantela era la única cura. Resultaba sorprendente, dado que los expertos se habían mostrado incrédulos doscientos años antes. Algunos se dejaron picar por la «tarántula» con testigos mirando, y no sintieron ninguna necesidad de bailar como si nadie les estuviese observando. Más o menos en la misma época, el autor de otro libro de texto médico se mostró confundido sobre el tarantismo y la tarantela: ¡escribió que las tarántulas bailaban al son de los violines! Aunque las arañas responden a las vibraciones del aire, parece muy improbable que la música de un violín pueda lograr que una araña comience a bailar con sus ocho patas.

to de los estudios médicos que ponían en duda el veneno aparentemente extraordinario de la araña, el tarantismo decayó y hoy solo perdura la danza de la tarantela.

~ Un sirviente como conejillo de Indias ~

Oliver Goldsmith, que escribía sobre historia natural, visitó Italia a mediados del siglo XVIII y vio a gente bailando la tarantela como cura para el tarantismo. Sintió curiosidad por saber si la picadura de *Lycosa tarantela* provocaba realmente los síntomas por los que se había hecho famosa. Así, hizo que una araña picase a uno de sus sirvientes y comprobó que no ocurría gran cosa aparte de cierta hinchazón local y escozor donde la araña había picado al desafortunado sirviente.

→ El tarantismo, que solo podía curarse bailando la tarantela durante un buen rato, se atribuyó a la picadura de la araña lobo o tarántula europea (*Lycosa tarantula*).

LA TELARAÑA DE CARLOTA

El encantador libro *La telaraña de Carlota,* de E. B. White, se publicó originalmente en 1952, y tal vez sea uno de los cuentos infantiles más populares que se hayan escrito. Narra la historia de una araña llamada Carlota que salva la vida del cerdo de granja Wilbur escribiendo en su tela palabras de seda que elogian al animal. Ese gesto logra que Wilbur se convierta en una atracción turística en lugar de un cerdo asado.

AMOR POR LOS ANIMALES

La primera fuente de inspiración de la historia surgió después de que el escritor E. B. White cuidase a un cerdo enfermo destinado a correr la misma suerte que Wilbur. La segunda llegó después de ver a una araña de tela orbital poniendo un saco de huevos. Poco después, la hembra murió y él se llevó el saco de huevos a casa y observó cómo eclosionaban y se dispersaban las crías. Una década después de la publicación de *La telaraña de Carlota*, White escribió: «Los animales forman parte de mi vida e intento retratarlos fielmente y con respeto».

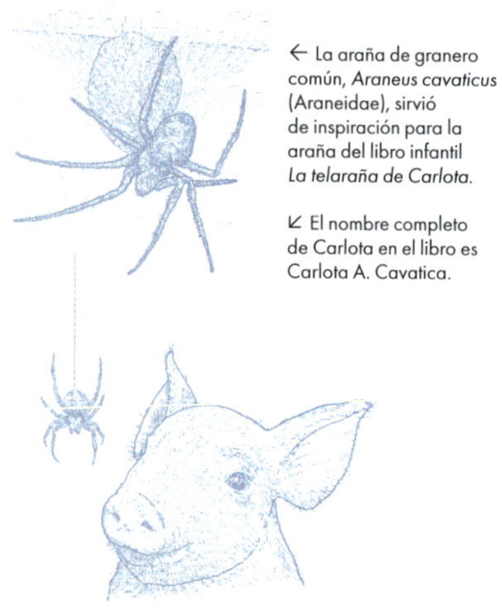

← La araña de granero común, *Araneus cavaticus* (Araneidae), sirvió de inspiración para la araña del libro infantil *La telaraña de Carlota.*

↙ El nombre completo de Carlota en el libro es Carlota A. Cavatica.

→ La araña de granero, *Araneus cavaticus,* que se hizo famosa por *La telaraña de Carlota,* es una araña común de tela orbital que vive en Norteamérica. Solo las hembras construyen telarañas. Cuando una presa, como un insecto volador, queda atrapada, la hembra la envuelve inmediatamente en un manto de seda.

MITOS SOBRE ARAÑAS Y MEDICINA

Por suerte, hace unos dos mil años, existió un anticonceptivo femenino que impedía la concepción durante un año. Coecailis, un historiador natural de la época, recomendaba lo siguiente: coger una araña de cabeza grande y extraerle dos gusanos. Presumiblemente, este consejo fue objeto de confusión y los gusanos eran en realidad el tubo digestivo enrollado en el abdomen. Había que envolverlo en un trozo de piel de ciervo y llevarlo como amuleto antes del amanecer. Con suerte, las mujeres se acordaban de renovar la receta un año más tarde, antes de que el profiláctico perdiese efecto y corrieran el riesgo de quedarse embarazadas.

ARAÑAS POR VÍA ORAL

Al parecer, entre los siglos XVI y XIX en el Reino Unido, mucha gente creía que la fiebre se curaba comiéndose un bocadillo de araña. Se creía que tener los poderes mágicos de una araña dentro del cuerpo era más eficaz que limitarse a llevar una araña colgada del cuello.

TELARAÑAS COMO APÓSITOS

Durante más de dos mil años, las telarañas se han utilizado como apósitos para cubrir heridas, como hoy se emplean tiritas y vendas. Hasta hace poco se pensaba que la seda tenía propiedades antimicrobianas y antifúngicas, lo que hacía que la herida cicatrizase más rápidamente.

~ Protección frente a patógenos ~

Investigaciones recientes en las que se probó la seda de diferentes arañas para comprobar si tenía algún beneficio medicinal no hallaron pruebas de que fuese capaz de eliminar bacterias u hongos. Algunos sacos de huevos se componen de seda muy tupida, y esta barrera física podría ayudar a proteger a los huevos frente a ciertos patógenos.

EL DOCTOR MUFFET

Thomas Muffet fue un médico inglés que vivió en la segunda mitad del siglo XVI. Era muy aficionado a las arañas, y se dice que fue el padre de Little Miss Muffet, la aracnofóbica de una canción infantil que se dio a conocer en 1805. Esto ocurrió 200 años después de la muerte del doctor, que no tuvo hijos, por lo que la conexión familiar es poco probable. El doctor Muffet era escéptico respecto a los medicamentos de la época y pensaba que las arañas ofrecían una solución mejor para algunas dolencias. Creía que la gota podía prevenirse dejando que las arañas tejiesen telarañas en casa. Si se padecía gota, una araña envuelta en piel de ciervo y aplicada en el dedo del pie por la noche eliminaba el dolor.

↓ La presencia de telarañas en el interior de un edificio significa que está abandonado o que los propietarios no tienen ningún inconveniente en vivir con arañas.

LAS TARÁNTULAS EN EL CINE

Tres películas de las décadas de 1950, 1960 y 1970 muestran tres maneras distintas de convertir a las tarántulas en villanas: presentarlas del tamaño de una casa, dar a entender que son increíblemente venenosas para las personas y mostrarlas de tamaño natural y cazando en manada.

TARÁNTULA ENORME

Una tarántula del tamaño de una casa es la gran protagonista del filme *Tarantula* (*Tarántula*), de 1955. Es enorme porque le han inyectado una sustancia que, según la jerga científica de la década de 1950, pretendía «aprovechar el poder del átomo». La araña desbocada devora caballos y mata a unas cuantas personas antes de ser destruida por las fuerzas aéreas.

UN ARMA MORTAL

En *Dr. No* (*Agente 007 contra el Dr. No,* 1962, con Sean Connery) aparece una tarántula como arma mortal. Los dos villanos principales, el doctor No y el profesor Dent, conspiran para utilizar una tarántula a fin de acabar con el agente secreto. Ninguna otra arma es tan eficaz como una tarántula en la cama de alguien. Bond mata a la araña y asesina a los dos villanos.

LA TARÁNTULA DE *TARÁNTULA*

En las casas se clavaron maquetas de patas de tarántula gigantes, pero en muchas escenas de *Tarantula* (*Tarántula*) aparece una araña de verdad. Para que pareciese mayor, el paisaje por el que se pasea tenía que ser muy pequeño. En la película, se filmó a la tarántula caminando por paisajes en miniatura. Para que la araña caminara en la dirección deseada, le lanzaron chorros de aire. Al parecer, la actuación de la araña permitió repetir en *The incredible Shrinking Man* (*El increíble hombre menguante,* 1957). Aquí, la araña es de tamaño natural y amenaza a un hombre menguante del tamaño de una presa.

JAMES BOND Y LA TARÁNTULA DE PATAS ROSADAS

A Sean Connery no le gustaban las arañas y se negó a que una tarántula recorriese su cuerpo mientras estaba en la cama. En una escena en la que la araña aparece caminando por su hombro y sobre una almohada, en realidad caminaba sobre cristal. Parece suspendida en el aire antes de pisar la almohada. Para las otras escenas en las que la araña parece caminar sobre James Bond se utilizó un doble. La araña (apodada Rosie) era una tarántula de patas rosadas, *Avicularia avicularia* (Theraphosidae). Se trata de una especie muy dócil; rara vez pican y su veneno no es peligroso para las personas. Aun así, el impacto no habría sido el mismo si el Dr. No hubiese utilizado un insecto palo.

↓ Una tarántula de patas rosadas también actuó como villana en la película de 2002 *Arac Attack* (*Eight Legged Freaks*).

EL REINO DE LAS ARAÑAS

Mientras que James Bond solo tuvo que vérselas con una tarántula, William Shatner (famoso por *Star Trek* y protagonista de *Tarántula* de 1977) tuvo que enfrentarse a miles de ellas. Las arañas se están quedando sin comida y empiezan a cazar en manadas para capturar presas mucho más grandes de lo que podría conseguir una sola tarántula, y eso incluye personas y animales de granja. Las arañas ganan cuando envuelven por completo la ciudad, donde se esconden unos pocos supervivientes, en telarañas de seda.

~ Reparto multitudinario ~

Durante el rodaje de *Tarántula* (1977) se recogieron unas 5000 tarántulas del desierto cercano al lugar donde se rodó la película. Una vez finalizado el rodaje, las supervivientes se devolvieron al desierto.

UNA ARAÑA CASI VEGETARIANA

Las arañas saltadoras reciben el sobrenombre de «gatos de ocho patas» por su excelente vista y su comportamiento cazador similar al de los mamíferos. *Bagheera kiplingi* (familia Salticidae) es una araña saltadora de América Central que debe su nombre a la pantera de *El libro de la selva* y a su autor, Rudyard Kipling. Sabemos que las arañas saltadoras succionan néctar de las flores para complementar su dieta, mayoritariamente a base de insectos.

NÓDULOS LLENOS DE ALIMENTO

La dieta de *B. kiplingi* (Salticidae) consiste sobre todo en nódulos ricos en grasa, azúcar y proteínas (conocidos como cuerpos beltianos) que se encuentran en las puntas de las hojas de las acacias. Los cuerpos beltianos son para las hormigas que, a cambio de un hogar y comida, protegen al árbol de los herbívoros. Como ladrona del vecindario, la araña utiliza su visión aguda para vigilar a las hormigas, que la atacarán por una razón de peso: se come los cuerpos beltianos, sus larvas y las moscas que beben néctar, e incluso canibalizan a las pequeñas *B. kiplingi*. A menudo se dice que esta araña es vegetariana, aunque se trata más bien de una omnívora oportunista.

↓ Las larvas de hormigas del género *Pseudomyrmex* son presas comunes para la araña saltarina verde herbívora, *Bagheera kiplingi*.

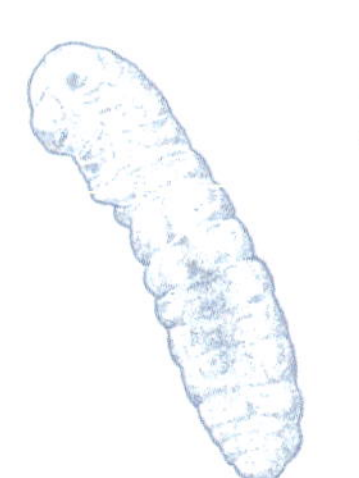

↓ Las hojas y las espinas puntiagudas de una rama de acacia (género *Vachellia*) constituyen el hogar de la araña saltarina verde herbívora, *Bagheera kiplingi*.

→ Después de conseguir un nutritivo cuerpo beltiano de la hoja de una acacia, la araña saltarina verde herbívora, *Bagheera kiplingi*, succiona los nutrientes del nódulo. La araña también succiona néctar y no es totalmente vegetariana, ya que come larvas de hormigas.

SUPERPODERES ARÁCNIDOS

En el suelo cubierto de hojas de los bosques de Nueva Zelanda y Sudamérica vive una araña con una formidable trampa, que utiliza para inmovilizar a sus presas.

ARAÑAS DE TRAMPA-MANDÍBULA

Una araña de trampa-mandíbula posee la capacidad de cerrar sus mandíbulas más rápido que cualquier otra araña conocida. Su cabeza presenta una forma extraña que, según los investigadores, alberga el equivalente a pequeñas gomas elásticas. Cuando la araña percibe el movimiento de una presa cercana, levanta las mandíbulas cerradas, de modo que quedan horizontales, y las abre. De ese modo se estiran las «gomas elásticas» y se prepara la mandíbula de captura. Cuando se tocan los pelos del interior de las mandíbulas, estas se cierran en un espacio de tiempo asombrosamente breve (*véase* «Chasquear a gran velocidad», página 125).

ARAÑAS PELÍCANO

Si el superpoder de la araña de trampa-mandíbula es la velocidad, un grupo estrechamente relacionado de arañas similares, del tamaño de un grano de arroz, conocidas como arañas pelícano o asesinas (Archaeidae), tiene la paciencia como superpoder. Los fósiles de arañas pelícano hallados en rocas y ámbar sugieren que apenas han cambiado en unos 170 millones de años. Se conocían por fósiles descubiertos en el siglo XIX. Recientemente han aparecido ejemplares vivos de estas diminutas arañas en bosques de Sudáfrica, Madagascar y Australia.

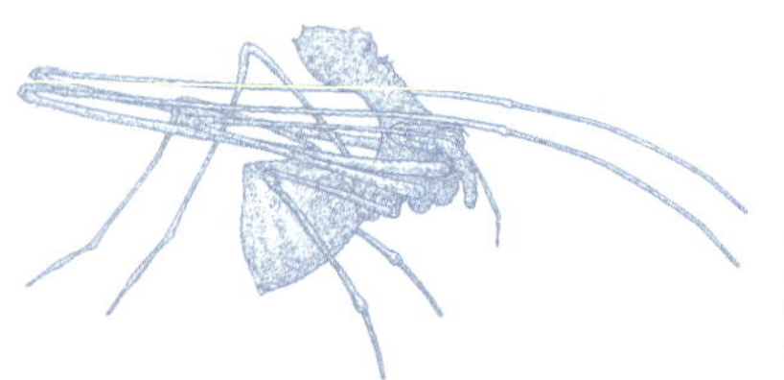

← Las arañas pelícano cazan a otras arañas, y sus enormes quelíceros les permiten mantener a las presas venenosas a cierta distancia mientras atacan.

MANDÍBULAS MORDEDORAS

Los músculos no podrían contraerse con la suficiente rapidez para cerrar las mandíbulas de estas arañas a una velocidad tan increíble. Se cree que la evolución de este tipo de mandíbulas fue impulsada por las presas que utilizan una especie de goma elástica para escapar del peligro. Los colémbolos son insectos diminutos con una estructura elástica plegada bajo su abdomen posterior. Cuando se despliega, empuja en el suelo y lanza al insecto por los aires. En la continua evolución de los depredadores que atrapan a sus presas y de las presas que evitan a los depredadores, el chasquido de las mandíbulas de la araña podría impedir que un insecto saltador de este tipo escape mediante sus resortes.

Se denominan arañas pelícano porque con su largo pico se asemejan a esa ave de perfil, y también poseen un cuello largo y quelíceros grandes que se apoyan en él. La boca de la araña está cerca de los colmillos, en los extremos de las mandíbulas. Las arañas pelícano solo comen otras arañas. Cuando cazan, siguen las líneas de seda que las arañas dejan en el suelo del bosque. Si conducen a una víctima potencial, la araña pelícano espera el momento adecuado para atacar con la paciencia de un asesino. Como la araña de trampa-mandíbula, mueve sus mandíbulas a una posición horizontal antes de atacar, insertar sus colmillos e inyectar veneno en la víctima. A continuación, retira uno de los colmillos y espera a que el veneno haga efecto antes de llevarse a la boca sus mandíbulas con el insecto empalado para empezar a comérselo.

~ Ataque a distancia ~

La ventaja de tener unos quelíceros tan largos es que la araña puede mantener a la presa a una distancia segura cuando la atrapa, sobre todo porque su presa también es un depredador. Las arañas pelícano no cazan a otras arañas pelícano, ya que ambas poseen armas con las que podrían matarse. Resulta impresionante tratándose de un carnívoro del tamaño de un grano de arroz.

LAS ARAÑAS SABEN CONTAR

Las arañas saltadoras son famosas por su extraordinaria vista. *Portia* posee la mejor vista de esta familia de más de 5000 especies. No solo su vista es comparable a la de un pequeño mamífero; además, son mucho más inteligentes de lo que cabría esperar de un animal con un cerebro más pequeño que la cabeza de un alfiler. Ambas características podrían ayudar a explicar por qué *Portia* es tan buena cazando a su presa favorita: otras arañas.

DEPREDADOR CAZANDO A DEPREDADOR

Un depredador que caza a otros depredadores representa una forma peligrosa de buscar sustento, pero *Portia* tiene un gran número de trucos bajo sus diminutas mangas. Uno de ellos consiste en detectar a la presa a distancia y elaborar una ruta para alcanzarla, a menudo con la presa fuera de la vista mientras *Portia* se va acercando.

GATOS DE OCHO PATAS

Puede parecer sorprendente que las especies de *Portia*, una araña saltadora con un cerebro del tamaño de una semilla de sésamo, cacen de un modo comparable al comportamiento depredador de los gatos, tanto de los grandes felinos como de los domésticos. Sin embargo, estos depredadores arácnidos y los mamíferos utilizan comportamientos complejos para localizar, acechar y atrapar a sus presas gracias a su excelente vista. Antes se creía que las arañas eran animales simples que funcionaban por instinto. Décadas de investigación sobre las estrategias depredadoras y la flexibilidad conductual de *Portia* han permitido comprender mejor las capacidades cognitivas de un cerebro diminuto y han demostrado que esta araña no es un autómata programado. En el caso de *Portia*, todo demuestra que tienen algo más que dos neuronas.

~ Una imagen mental ~

En este caso no se aplica el «si te he visto, no me acuerdo». Si *Portia* divisa una sola presa, y mientras esta se encuentra fuera del alcance de su vista, aparece otra presa diferente, la araña será capaz de añadirla al número de presas pendientes. Es como si la araña tuviese una representación mental de la presa que ha avistado, aunque la pierda de vista por un momento.

~ Contar las presas ~

Como ocurre con los bebés humanos no que todavía no hablan, *Portia* distingue entre una o dos presas. Si el número de presas es superior a tres, se convierte en muchas. ¡Realmente es suficiente para quitarle el sueño a un biólogo de arañas!

← Se ha demostrado que los ejemplares del género *Portia*, una araña saltadora, son capaces de contar, otro comportamiento asombrosamente complejo que contradice el diminuto tamaño de sus cerebros.

UNA TELARAÑA ORBITAL ENORME

Las telarañas orbitales con forma de rueda de carro son las más conocidas. En la isla de Madagascar, la araña de corteza de Darwin, *Caerostris darwini* (Araneidae), construye la mayor telaraña orbital con los mayores puntos de anclaje utilizados para suspender la telaraña sobre ríos, arroyos y lagos.

CONSTRUCCIÓN DE LA TELARAÑA

La telaraña orbital puede tener una superficie de casi 3 m², con puntos de anclaje de 25 m de largo. La seda utilizada para estos puentes es la más fuerte y elástica de todas las que producen las arañas. Antes de construir la tela, la araña lanza numerosos hilos de seda de «puenteo» hasta que se sostiene en un punto de sujeción al otro lado.

ARAÑA DE TELA ORBITAL GIGANTE

Aunque la araña de corteza de Darwin, *Caerostris darwini*, teje la mayor telaraña orbital conocida, la hembra hilandera no supera el tamaño de una uña del pulgar. En cambio, la mayor araña de tela orbital de África y Madagascar, *Nephila komaci* (Nephilidae), descubierta recientemente, construiría una tela de solo 1 m de diámetro, pero la hembra es enorme: puede medir un total de 12 cm, con un cuerpo de 4 cm. En comparación, el macho mide alrededor de una quinta parte que la hembra. Se trata del primer ejemplar de *Nephila* descubierto desde 1879.

CAPTURA DE INSECTOS ACUÁTICOS

Una trampa aérea sobre amplias extensiones de agua permite a la araña capturar presas que difícilmente pueden ser atrapadas por otras arañas. En un estudio, los científicos observaron cómo salían del agua unas 30 efímeras y quedaban atrapadas en la telaraña en un instante. Eso es mucha comida; la araña envolvió a las presas en seda a fin de mantenerlas frescas para futuras ingestas.

~ Los aprovechados ~

Con tanto alimento en la telaraña, esta se vuelve popular entre los aprovechados. Se han visto moscas alimentándose de las efímeras atrapadas, y también se ha observado a las populares arañas cleptoparásitas —género *Argyrodes* (*Theridiidae*)— robando comida. Aunque las moscas pueden llegar volando para darse un festín, debe de ser toda una excursión para la pequeña cleptoparásita, ya que tiene que recorrer los hilos del puente para llegar a la despensa.

← Una araña de corteza de Darwin, *Caerostris darwini*, espera la ocasión para atrapar a su presa en el centro de su pegajosa telaraña.

EL VENENO NO ES IMPRESCINDIBLE

A diferencia de la mayoría de las arañas, las ulobóridas no son venenosas, pero eso no impide que sean capaces de inmovilizar a sus presas: las envuelven en cientos de metros de finísimas hebras de seda hasta que quedan sepultadas en un sudario. Un peine presente en las patas traseras de la araña desenreda la seda, que es unas 2500 veces más fina que un cabello humano.

PRESAS APLASTADAS

Cuando la envuelve, la araña comprime a su presa con una seda cada vez más tensa. Esta operación puede romperle las patas e incluso hundirle los ojos en la cabeza. De ese modo se reduce el tamaño de la bolsa de comida que la araña tendrá que cubrir con fluido digestivo antes de succionar el líquido parcialmente digerido a través de la envoltura de seda para que llegue a su propio sistema digestivo (vendría a ser como succionar sopa a través de un paño de cocina). Las ulobóridas perdieron sus glándulas venenosas porque al paralizar a sus presas envolviéndolas dejaron de ser necesarias.

↓ La araña cribelada de telas orbitales, *Uloborus walckenaerius* (Uloboridae), posee unas patas delanteras especialmente largas. Se conoce como araña de patas plumosas.

↓ Al esconderse a plena vista sobre un estabilimento de seda en su tela, *U. walckenaerius* resulta menos visible para los depredadores potenciales.

→ Una hembra de pequeña araña jorobada, *Philoponella congregabilis* (Uloboridae), espera en su tela. Aunque el paquete envuelto bajo la araña parece un gran saco de huevos disimulado, en realidad es una presa atrapada en una gruesa envoltura de seda muy fina.

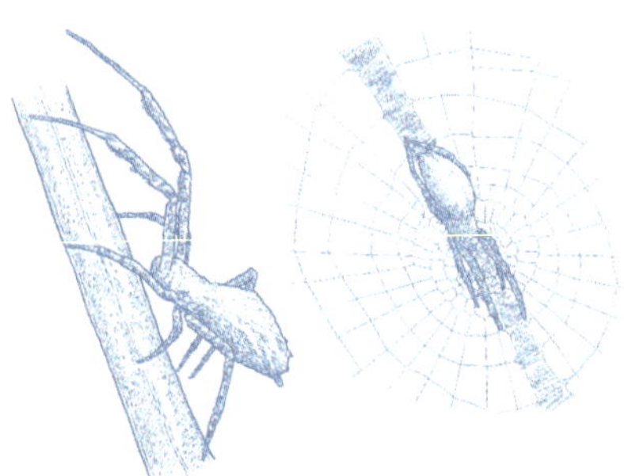

ARAÑAS SOCIALES

La mayoría de las arañas llevan vidas solitarias y solo se relacionan con las de su especie cuando se aparean o canibalizan. Alrededor de 20 especies (de unas 50000 especies de arañas) han adoptado la vida en comunidad, lo que vendría a ser el equivalente arácnido de los bancos de peces y las manadas o rebaños de mamíferos.

CONVIVENCIA

El nombre colectivo de un grupo de arañas es colonia. Las arañas sociales suelen vivir en zonas con un gran número de presas para que la colonia disponga de suficiente sustento. La araña social más estudiada es *Anelosimus eximius* (Theridiidae) de Sudamérica. Aunque las arañas son diminutas (en torno a 8 mm), sus telas comunales pueden medir 8 m de ancho y 1,5 de alto, con miles de arañas viviendo en una sola colonia. Las arañas cazan en manada y capturan a presas mucho más grandes de lo que sería posible para una araña individual.

ARAÑAS SOCIALES AFRICANAS

Stegodyphus dumicola (Eresidae) de las regiones áridas de África central y meridional se conoce comúnmente como araña social africana. Las arañas de la colonia cooperan para atrapar a las presas en su tela y son capaces de capturar insectos mucho más grandes de lo que podría una araña individual. La araña social africana vive en colonias de unos pocos cientos de individuos en lugar de los miles que componen las colonias de su homóloga sudamericana. En esas colonias más pequeñas, alrededor del 80 por ciento

← Cuando la araña social africana *Stegodyphus dumicola* captura una presa grande, la digiere parcialmente antes de compartirla con la colonia.

CAZA EN MANADA

Investigaciones recientes con cámaras de alta velocidad para filmar a *Anelosimus eximius* (Theridiidae) cazando demuestran que el grupo se mueve y se detiene a la vez durante una fracción de segundo. Cuando se detienen, las arañas pueden «escuchar» de dónde proceden las vibraciones de la presa transmitidas por la seda sin el ruido de fondo de las vibraciones del grupo que camina por la telaraña. Los insectos más comunes capturados por las arañas son hormigas, escarabajos y cucarachas. De vez en cuando, grillos y polillas de gran tamaño (que pueden pesar hasta 700 veces más que una araña individual) quedan atrapados en la telaraña y pueden ser capturados por el grupo. Ser miembro de una colonia de arañas es mucho más que una cuestión de seguridad por ser mayoría.

de las arañas son hembras y menos de la mitad de las hembras tienen crías. Sin embargo, las hembras vírgenes colaboran en el cuidado de las crías aunque no sean las verdaderas madres de las arañitas. Cuidan y custodian el saco de huevos, y regurgitan comida para las crías que han eclosionado (más o menos, como los pájaros regurgitan comida para sus polluelos).

~ El regalo de una madre ~

Cuando las crías han mudado varias veces, las madres y las hembras vírgenes proporcionan una última comida adicional a las crías: ellas mismas. En lo que parece un acto extremadamente horripilante, las hembras permiten que las crías se alimenten de ellas. De hecho, licúan sus abdómenes como preparación para que las arañas en desarrollo se alimenten de sus cuerpos. Mantienen intactos los órganos esenciales, de modo que siguen vivas cuando se las comen. Dado que las arañas de la colonia mantienen un estrecho parentesco, las hembras no reproductoras contribuyen a transmitir sus genes a la siguiente generación por su relación con las crías. Además, se ha demostrado que la contribución de las hembras vírgenes produce crías más grandes y sanas.

GLOSARIO

abdomen
Parte posterior del cuerpo de una araña.

aorta anterior
Gran arteria que transporta la sangre desde el corazón hasta el cefalotórax.

aorta posterior
Gran arteria que conduce la sangre desde el corazón hasta el abdomen.

araneofagia
Táctica de alimentación por la que ciertas arañas se comen a otras arañas.

autotomía
Mecanismo que permite a las arañas autoamputarse una o varias patas.

cefalotórax
(cabeza y tórax unidos) Parte anterior del cuerpo de la araña a la que se unen las patas y las piezas bucales.

coxa
Unida al cefalotórax, primera articulación de la pata de siete segmentos de una araña.

cuerpo beltiano
Nódulo nutritivo presente en las hojas de las acacias que sirve de alimento a una especie de araña saltadora.

epigino
Abertura genital situada en la parte inferior del abdomen de la hembra en la que el macho introduce su palpo y transfiere el esperma.

espermateca
Paquete especial en el interior de la hembra utilizado para almacenar el esperma del macho.

espiráculo
Abertura que conecta los tubos respiratorios llamados tráqueas.

estabilimento
Decoración de seda en una telaraña, como una espiral, que puede impedir que los pájaros vuelen hacia la tela.

exoesqueleto
Esqueleto externo de una araña. Consiste en el cefalotórax rígido, las patas y las piezas bucales, así como el abdomen, más flexible.

hemocianina
Molécula transportadora de oxígeno presente en la sangre de las arañas.

hemolinfa
Sangre de araña que transporta nutrientes y oxígeno por todo el cuerpo. Además, acciona un mecanismo hidráulico esencial para caminar.

hileras
(órgano hilador de la seda) Protuberancias con forma de dedos, situadas en la parte posterior del abdomen, que sirven para controlar el uso de la seda.

husillos
Poros diminutos en forma de tubo, situados en las hileras, que contienen seda líquida que se extrae en forma de hilo de seda.

Malpighi, túbulo de
Órgano que filtra los desechos y conserva el agua, similar a nuestros riñones.

matrifagia
Ingesta del cuerpo de la madre por parte de sus crías.

metatarso
Penúltima articulación de la pata de siete segmentos de la araña.

ninfa
Araña joven que acaba de salir de un huevo.

órgano liriforme
Órgano sensorial de las patas de la araña que capta las vibraciones del suelo.

pedicelo
Cintura estrecha y circular que une el cefalotórax al abdomen.

pedipalpos
Par de estructuras cortas en forma de patas situadas a ambos lados de los quelíceros. Se utilizan para manipular presas y, en los machos, para transportar el esperma.

pulmones en libro
Órganos respiratorios que se encuentran en la parte inferior del abdomen.

quelícero
Mandíbula situada en la parte delantera del cefalotórax. Las mandíbulas albergan los segmentos basales y los colmillos.

saco de huevos
Saco de seda utilizado para proteger y contener los huevos de araña hasta su eclosión.

sistema traqueal
Serie muy ramificada de tubos respiratorios que se abren en uno o dos espiráculos.

tapetum lucidum
Estructura que refleja la luz que ha atravesado la retina para mejorar la visión con escasa luz.

tarso
Último segmento de la pata de una araña. Cuenta con garras tarsales y el órgano sensorial tarsal.

tricobotrios
Pelos sensoriales que se encuentran en las patas de las arañas y que pueden captar las vibraciones del aire.

trocánter
Segunda articulación de la pata de siete segmentos de una araña.

LECTURAS RECOMENDADAS

Foelix, R., *Biology of Spiders*, 3.ª edición, Nueva York, Oxford University Press, 2011.

Herberstein, M. (comp.), *Spider Behaviour: Flexibility and Versatility*, Reino Unido, Cambridge University Press, 2011.

Nelson, X., *The Lives of Spiders: A Natural History of the World's Spiders*, Nueva Jersey, Princeton University Press, 2024.

Platnick, N. (comp.), *Arañas del mundo*, Barcelona, Omega, 2020.

Pollard, S., y P. Sirvid, *Why is that Spider Dancing? The Amazing Arachnids of Aotearoa*, Wellington, Nueva Zelanda, Te Papa Press, 2021.

ÍNDICE

AGRADECIMIENTOS

Gracias a UniPress Books y a su editor, Nigel Browning, por encargarme este libro. No podría haber deseado un proyecto mejor. Gracias a Ruth Patrick y Lindsey Johns por su fantástico apoyo y su ayuda con el libro y las ilustraciones. Gracias también a Tugce Okay por sus elegantes pinturas; este libro es más especial, si cabe, gracias a ella. Deseo dar las gracias también a mis colegas biólogos expertos en arañas y paisanos de Nueva Zelanda (sí, somos unos cuantos) Robert Jackson, Fiona Cross, Phil Sirvid, Cor Vink, Ximena Nelson y Vicki Smith, por compartir sus conocimientos y sus historias. Por último, muchas gracias a mi maravillosa esposa, Cynthia Cripps, por su apoyo durante este proyecto y por su fantástica orientación respecto a las historias sobre arañas que han dado forma a este libro.

AUTOR

Simon D. Pollard se crio en Christchurch, Nueva Zelanda. Desde los siete años supo que querría estudiar a los animales en la universidad. A los veinte se quedó fascinado por las arañas mientras estudiaba en la Universidad de Canterbury, donde se doctoró. Simon ha participado en proyectos de investigación sobre arañas en Nueva Zelanda, Asia, África y Norteamérica. Acerca sus investigaciones y el mundo de la historia natural al gran público mediante charlas, artículos y libros de divulgación para adultos y jóvenes lectores. Desde 2009 es profesor adjunto de Comunicación Científica en la Universidad de Canterbury.